ケータイ［万能］
フランス語入門

久松健一

駿河台出版社

まえがき
～感謝とともに～

「"ケータイに便利""見開き""簡明"。そうした条件を満たしながら、初級から中級レベルまでの文法をきちんとまとめる。あわせて、仏検の道標を示し、工夫した索引やcross-reference（☞）などで学習意欲を多角的に刺激する」。こんな目標をかかげて書きおろした『ケータイ〈万能〉フランス語文法』が世に出て10年、2010年6月20日に、20刷という大きな節目を迎えることができました。愛読いただいている方々、本当に、本当に「ありがとうございます」。

　私事ですが、その日を睨んで、2009年の春に編集の山田仁さんから言われました。「読者からの提案でもあるのですが、学び手に、**肉声が届き、新しくフランス語をはじめる学習者はもちろん、挫折した苦い経験のある人でも、もう一度フランス語に触れてみたくなる一冊**、そんな『ケータイ』の姉妹編を20刷のタイミングにあわせて形にできませんか？」「言うは易く」C'est facile à dire...。でも、試行錯誤を重ね、記念の日に遅れること1年弱で、提案がこうして形になりました。

　フランス語をはじめて半年ほどの間に学ぶ文法と表現の範囲を本書は想定しています。過去や未来などの混みいった内容は書かれていませんが、これを押さえないとまずい！　ここでつまずく！　という必

須のポイントは盛りこんであります。しかも、市販のどの参考書とも、導きの手続きが違います。説明の厚みや幅も考えました。暗記！を強要しがちな入門・初級レベルの学習に

「考えながら、読み進め」→「納得」→「理解」という過程をへて、さらなるステップアップへ！

　これをいかにすれば実感いただけるか。その点に心くだいて、2度、マルマル本書を書きなおしました。おそらく、フランス語未経験者も、挫折した方にもという編集からの難題をなんとかクリアーした……はずです。

はじめるあなたにも、くじけそうな方にも。

　学びの本道ははずさず、「楽しく！」、着実に前へ進む。それを強く願った1冊です。

もくじ

はじめてフランス語を学ぶ方のための 学習順 です。

本書のしくみ

発音編

| 00 | p.2 | 発音はきちんと学べばきちんと読める！ | ⓪ |

名詞編

01	p.36	男と女の世界なり！　性と数	①
02	p.46	名詞の前につく３つのことば　冠詞	②
03	p.58	主語はどう表すか？　主語人称代名詞	③
04	p.62	重要なふたつの前置詞　à と de	⑯
05	p.68	「私は」でも「私を」でもない「私」 　　　人称代名詞強勢形	㉕

動詞編

06	p.74	動詞は複雑ではない！まずはイロハのイから	④
07	p.90	規則動詞を学んでフランス語を操る！ 　　　第１群規則動詞	⑦
08	p.96	重要な動詞 aller	⑭
09	p.102	重要な動詞 venir	⑮
10	p.104	ふたつの -ir 動詞	⑰
11	p.110	命令文	㉑
12	p.114	faire と prendre	㉒

iv

| 13 | p.122 | 訳さない il がある　非人称構文 | ㉓ |
| 14 | p.126 | 重要な動詞 pouvoir, vouloir　準助動詞 | ㉖ |

形容詞・副詞編

15	p.130	形容詞も形が変わる	⑥
16	p.138	この・その・あの　指示形容詞	⑪
17	p.142	私の～・あなたの～　所有形容詞	⑫
18	p.146	どんな？・何ですか？　疑問形容詞	⑬
19	p.150	比較ははさんで！	⑳
20	p.154	多少の beaucoup と un peu	㉔

その他（否定・疑問・数詞）編

21	p.156	提示の表現	⑤
22	p.168	否定文	⑧
23	p.172	疑問文	⑨
24	p.180	基本の数詞	⑩
25	p.184	疑問副詞	⑱
26	p.188	疑問代名詞	⑲
	p.196	"中級への早道"文型を知ろう！	
	p.200	ここまで覚えたい！　極めたい！	
	p.222	Q&A　放課後もおしゃべり！	
	p.250	文法索引（インデックス）	

本書のしくみ 「学び」を楽しくする仕かけがいっぱい。

> 関連するアイコンを見つけて参考にしよう。

動詞編

Boussole pour apprendre le français ★★★

09 重要な動詞 venir

「来る」と近接過去

先生♠ 次に **venir**［ヴニール］「来る」（英語の *come*）を扱います。さっそく、活用と用法です。

venir にはもうひとつ、大切な言いまわしがあります。

右ページの形で、「〜したばかりです、〜したところです」と訳される「近接過去」の用法です。

ただし、"venir ＋不定詞" の形（前置詞 de がない形）ですと「〜しに来る」の意味になりますから、注意してください。

動詞編08、09の復習は「練習問題で総まとめ」
（☞ p. ⑨）で！

> 別冊問題集で学習内容を確認しよう。

はじめて本書でフランス語を学習する方は
名詞編 04（☞ p.62）へ

> はじめてフランス語を勉強する人はこのマークの指示にそって、勉強しよう。

102 Boussole pour apprendre le français

読んでよし！ 聞いてよし！ 学んでよ～し！

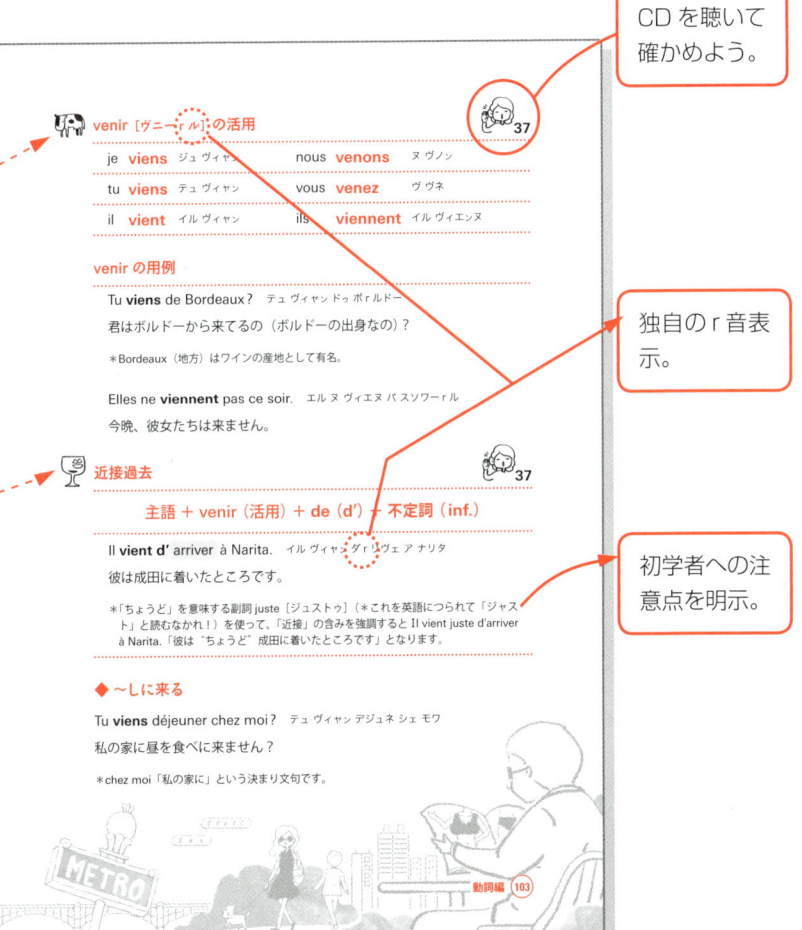

venir [ヴニール] の活用

je **viens** ジュ ヴィヤン	nous **venons** ヌ ヴノン
tu **viens** テュ ヴィヤン	vous **venez** ヴネ
il **vient** イル ヴィヤン	ils **viennent** イル ヴィエンヌ

venir の用例

Tu **viens** de Bordeaux ? テュ ヴィヤン ドゥ ボrルドー
君はボルドーから来てるの（ボルドーの出身なの）？

＊Bordeaux（地方）はワインの産地として有名。

Elles ne **viennent** pas ce soir. エル ヌ ヴィエンヌ パ ス ソワー rル
今晩、彼女たちは来ません。

近接過去

主語 ＋ venir（活用）＋ de（d'）＋ 不定詞（inf.）

Il **vient d'**arriver à Narita. イル ヴィヤン ダ rル ヴェ ア ナリタ
彼は成田に着いたところです。

＊「ちょうど」を意味する副詞 juste［ジュストゥ］(＊これを英語につられて「ジャスト」と読むなかれ！) を使って、「近接」の含みを強調すると Il vient juste d'arriver à Narita. 「彼は"ちょうど"成田に着いたところです」となります。

◆ ～しに来る

Tu **viens** déjeuner chez moi ? テュ ヴィヤン デジュネ シェ モワ
私の家に昼を食べに来ません？

＊chez moi「私の家に」という決まり文句です。

動詞編 103

CDを聴いて確かめよう。

独自のr音表示。

初学者への注意点を明示。

vii

"進行順は自由自在"
フランス語の扉を開けよう！

　本書は「発音」からスタートして、品詞順に「名詞→動詞→形容詞・副詞→その他」と順次進んで行きますが、読者の学習スタイルにあわせて、歩まれる順は自在です。

　通常の学びに則して着実に進まれる方は、「目次」にあります**「はじめての学習順」**がおすすめです。ページをあちこちめくる手間はかかりますが、**別冊の練習問題と足並みを揃えて、漏れのない学習を進めていただけます。**

　一方、すでに基礎力のある方は、すぐにでも学びたい項目に特化、集中くださって結構ですし、**品詞順に文法をチェックする俯瞰的な学習方法**もおすすめです。フランス語の特徴的な姿がおのずと浮かびあがってくるはず！

　むかって左のページ（偶数ページ）が文法対話、右ページ（奇数ページ）が説明用の図表という展開、それが本書のおおむねの流れです。これも学習のあり方に応じて、左から右へと**読んでから見る**もよし、逆に**見てから読む**もよしです。付属のCDも、ぜひ、ご活用ください。

　本書は「楽しく」「着実に」"あなたなりの自由自在な学び"をサポートいたします。

発音編

Boussole pour apprendre le français ★★

00 発音はきちんと学べばきちんと読める！

フランス語の難所

　すでに読みが身についている方、あるいはくだくだしい発音の説明は苦手だとおっしゃる方は、"名詞編"（☞ p.36）へお進みください。学びのスタイルや目的は人それぞれ、"あなた"が主役ですから。

　フランス語の文字をきちんと"読めるか"。これ、最初につまずくと、なかなか元には戻せません。つまずかないためには簡単なルールを知ること。そして、CDを活用し、最低限、間違えない「読み」、ぶれない「発音」を手に入れたい。
　だいじょうぶ、きちんとやれば、きちんと読めます。

フランス語を読むということ

先生♠ もうかれこれ四半世紀、教壇に立っています。

生徒♥ 25年近くということですね。よく、飽きませんね（笑）。世代間のギャップはないですか？

先生♠ たしかに生徒との年齢の差は毎年、開いていきますが、新入生との出会いは楽しみです。緊張もしますが、うきうきが先立ちます。

　スタートラインの同じ生徒たちが、数ヶ月後、半年後、1年後と着実に力をつけていく姿を見るのは嬉しいものです。

　でも、2年生や3年生を担当して、クラスにフランス語を「読めない」者が何人かいる。これは実に、悲しいことです。けっして流暢な発音なんて求めてはいません。ただ、あきらかに通じない奇妙な発音は困ります。たとえば、英語の *Come here* を［コメ　ヘレ］と読んだとしたら、どう思いますか？

生徒♥ まさかそんな、それは極端では……。英語は皆、なんとか読めますよ。

先生♠ たしかに［コメ　ヘレ］というような読みは、昭和初期までの話なのかもしれません。でも、英語に割いている時間は膨大ですよね。今後は、小学生から英語を勉強する動きになるようですから、ざっと小学校から大学まで、相当な時間と労力をかけて abc を習得することになる。そのおかげで、なんとか文字が読める。上手でなくても、

なんとか「通じる」英語を音にして発音できる。でも、ちょっと考えてみてください。英語のつづりと音の関係はめちゃくちゃじゃないですか？

生徒♥　？

先生♠　たとえば、アルファベットのaをどう読みますか？　aが書かれている単語で、どれだけの「読み」が可能でしょうか？

生徒♥　アルファベット（字母）では［エイ］、単独なら［ア］ですよね。ほかに［アー］と伸ばしてみたり……。

先生♠　たとえば *age* なら［ei エイ］でいい。でも、*all* は［ɔ: オー］だし、*damage* の1つ目のaは日本語の「æ ア」に近い音だとみなすとしても、2つ目は［i イ］と読まれる（カナで書けば［ダメージ］ではなく［ダミッジ］となる）。「たくさんの」を意味する *many* は［メニー］（マニーではない！）、*money*「お金」は［マニー］（モネイではない！）と読まれる。また、eaのつづりを［アー］と読むと覚えて、*learn*「学ぶ」は読めても、*read*「読む」が読めない。ならば、eaはときに［ィー］にもなると覚えたとしても、同じつづりの過去・過去分詞の *read*［レッド］は発音が違う。どうです？

生徒♥　言われてみれば、たしかにそうですね。思い出しましたが、自分も *one* と書いて［ワン］と発音すると習ったときには、違和感というか、抵抗感がありました。

先生♠ そうですよね。でも、フランス語の場合には、こうした読みの揺れはありません。カタカナ発音表記ですから限界はありますが、それでも a のつづりはいつも［ア］と読みます。他の音にはなりません。「自然」を意味する nature は［ナテュール］と読み、「（人の）顔、表」を指す face は［ファス］と発音します（英語のように［ネイチャ］や［フェイス］などとはならない）。つまり、**フランス語の文字を発音するあり方は、ほんの一部の例外を除いて、ローマ字感覚でいける！** のです。

生徒♥ お～！　それは、すばらしい！👏

　英語も、つづり字と読みとがほぼ一致していた時期（いわばローマ字式の読みが行われていた時代）がありました。たとえば「氏名」*name* を［ナーメ］と発音し、動詞 *feel* は［フェール］と読んでいた時期があったのです。　しかし1400年代初頭～1600年代前半にかけて「大母音推移」と呼ばれる、大きな言語変化が起きました。　英語の母音が様変わりしたのです。ところが、この時期に印刷技術が発達し、書物が広く流布するようになりました。　これがあだで、つづりに音の変化が反映される機会のないまま、旧来のスペリングで単語が固定されてしまったのです。　それが現在の混乱の源です。英語のつづりと発音を一致させようとする試みは、今も昔もあるにはあるのですが……。

文字のイロハ

生徒♥ フランス語の alphabet は英語と同じですか？

先生♠ はい。**フランス語を表記するには、英語で使われる alphabet と同じ26文字を使います。**ローマ字をご存知なら、新たに文字を覚える必要はありません。たとえば、ロシア語に使われる б г д ж й といった文字やアラビア語 اللغة العربية（？）は登場しません。最初から文字が抵抗なく書きうつせる。これ、とっても大きな時間の節約（メリット）です！ ちなみに、日本語では、ひらがな、カタカナ、漢字、ローマ字と習得しなくてはならない文字が山盛りですもの。

生徒♥ なるほど。で、a, b, c をフランス語で「アー・ベー・セー」と読むことは知っているのですが、その先はどうなりますか。

先生♠ 右ページの一覧をご覧ください。

生徒♥ Ee とか Ii は手ごわそうな感じですね。

先生♠ たしかに、「ウ」「イ」は意外に覚えにくいです。Gg と Jj は英語のアルファベットとは逆の感じ。また、Hh や Yy は英語とまるで違います。

生徒♥ Ww も英語とは似ていませんね。

先生♠ いや、英語で「ダブリュー」、フランス語では［ドゥブルヴェ］、「2つの・2重の v（英語は u）」（v + v = w）という読みの考え方は似ています。

フランス語のアルファベ alphabet

　フランスの首都 Paris が「パリ」と発音されるように、フランス語では語末の子音を読まないケースが大半です。だから、<u>アルファベットとは読みません!!</u>

　なお、下記の一覧内の｛ ｝は単語内で具体的に読まれる音の目安（あくまで目安です）。

例：ア a・ヴェ v・ウ e・セ c、つまり "avec" とつづって［アヴェク］と読まれます。具体的な単語内で読まれる音の目安を｛ ｝に添え書きしました。

A a ア　　　　**B b** ベ　　　　**C c** セ　　　　**D d** デ
[ɑ]　　　　　　[be]　　　　　　[se]　　　　　　[de]
｛ア｝　　　　　｛ブ｝　　　　　｛ク、ス｝　　　｛ド(ゥ)｝

E e ゥ　　　　**F f** エフ　　　**G g** ジェ　　　**H h** アッシ
[ə]　　　　　　[ɛf]　　　　　　[ʒe]　　　　　　[aʃ]
｛エ、ゥ、無音｝　｛フ｝　　　　　｛グ、ジュ｝　　｛無音｝

I i イ　　**J j** ジ　　**K k** カ　　**L l** エル　　**M m** エム　　**N n** エヌ
[i]　　　　[ʒi]　　　　[kɑ]　　　　[ɛl]　　　　　[ɛm]　　　　　[ɛn]
｛イ｝　　　｛ジュ｝　　｛ク｝　　　｛ル｝　　　　｛ム｝　　　　　｛ヌ｝

O o オ　　**P p** ペ　　**Q q** キュ　　**R r** エーr ル　　**S s** エス　　**T t** テ
[o]　　　　[pe]　　　　[ky]　　　　　[ɛ:r]　　　　　　[ɛs]　　　　　[te]
｛オ｝　　　｛プ｝　　　｛ク｝　　　　｛r ル｝　　　　　｛ス、ズ｝　　　｛ト(ゥ)｝

U u ュ　　　　**V v** ヴェ　　　**W w** ドゥブルヴェ　　　**X x** イクス
[y]　　　　　　[ve]　　　　　　[dubləve]　　　　　　　[iks]
｛ユ｝　　　　　｛ヴ｝　　　　　｛ヴ｝　　　　　　　　　｛クス、グズ｝

Y y イグ r レック　　　**Z z** ゼッド
[igrɛk]　　　　　　　　　[zɛd]
｛イ｝　　　　　　　　　　｛ズ｝

＊左列の枠で囲った6つは母音字（ただし、y［イグレック］はときに子音字として扱われる）。それ以外は子音字です。

なお、フランス語の alphabet の注意は右ページの通り。ざっと目を通しておいてください。

生徒♥ 手を抜くつもりはないのですが、フランス語読みの alphabet をすべて暗記する必要はありますか？

先生♠ 英語はどうです？ たとえば、Rr から先は言えませんというような中途半端な状態ですか？ この26文字には、フランス語の発音に大切な音がほとんど全部含まれていますから、ぜひ、CD を聞きながら、発音して、覚えてください。そして、まずは、自分の名前をフランス語のアルファベで言えるか練習してみましょう！ たとえば、山口さんなら Yamaguchi［イーグレック・ア・エム・ア・ジ・ユ・セ・アッシ・イ］と読んでみる練習です。こうした**地道な作業の積み重ねを軽視しない**、それが語学学習の大切なポイントです。

読みへの道にわけ入る

生徒♥ 周囲のフランス語既習者に聞くと、フランス語の発音は簡単じゃないって言いますけど……。

先生♠ そうですね、たしかに、なかなか難儀です。音を細かに分析していけば日本語との読みの違いはかなりあります。

生徒♥ えっ、じゃ、「ローマ字感覚でいける！」は、看板に偽りありじゃないですか！

アルファベに関する注意事項

◆カナ表記はアルファベの名称で、具体的な単語内でその文字が表す音ではありません。

◆W w［ドゥブルヴェ］は double v「2重のv」の意味、Y y［イグレック］は i grec「ギリシア語のi」のことです。後者はときにギリシア語の影響を受けて母音字（発音するときに［i］と同じ）と扱われ、ときにフランス語として子音字と考えられる字母です。

◆KとWは本来のフランス語にはなく、外来語を表すのに用いられます。その意味から、フランス語本来のアルファベは24文字というわけです。

◆"oとe"がぶつかると合字〈œ〉(o e composés［オ・ウ・コンポゼ］) でつづられます。これはフランス語のお約束ですが、2文字とカウントします。例：sœurs［スール］「姉あるいは妹」

◆G g［ʒe］と J j［ʒi］は、英語の G g［dʒi:］［ジー］、J j［dʒei］［ジェイ］と逆に聞こえますので注意してください。また、B b と V v、E e や I i の字母の読みをミスしないように。なお、のちほど（☞ p.20）説明しますが、R r の発音は入門レベルの方には難関です。その注意喚起の意図から、本書ではカナ文字発音に「r ラ」「r リ」「r ル」「r レ」「r ロ」という独自の表記を採用しました。

◆H h は具体的な単語内で発音されません。たとえば、「ホテル」を意味する語は hôtel と書いて［オテル］と読みます。H̶ôtel という感覚です。

先生♠　いいえ、とんでもない。ただ言えるのは、**多くの人が「発音」とつづり字の「読み（読み方）」とを混同しています**。フランス人並みの流暢さで、抵抗なくフランス語を操るのは大変です。言葉を後天的に学ぶには、並々ならぬ努力がいりますからね。でも、文字を見て、それを読むのは比較的たやすい作業です。

1文字の母音字の読み　＊フランス語は、つづりと発音の対応が規則的

先生♠　日本語で母音と言えば「あいうえお」ですが、フランス語では次の文字が母音字です。

　　a à â　　i î y　　u û　　e　　　é è ê　　o ô
　　ア　　　イ　　　ユ　　ゥ／無音　エ　　　オ

　上記のように、[`]、[´]、[^]といったつづり字記号が付いても発音はおおむね同じ。右ページを見てください。

生徒♥　フランス語には見慣れない記号の付いた文字があるので、前から気になってました。

先生♠　鋭い！　そうなのです。é, è, ê など、e の頭に何やら記号が付いた単語や、c の下方にニョロのついた ç、あるいは à, â、それに î や û, ù などの文字などがフランス語にはあります。それと、前ページの"alphabet に関する注意事項"で触れた o と e が合体した œ なんて字もありますね。

母音

a à â	[ア]	**papa**	パパ	パパ	**là**	ラ	そこに
i î y	[イ]	**lit**	リ	ベッド	**stylo**	スティロ	ペン

＊ CD を聞いてください。日本語より鋭い音です。

é è ê	[エ]	**café**	キャフェ	コーヒー	**mère**	メール	母
		tête	テットゥ	頭			

＊éだけは日本語の「エ」より唇を横に引く感覚で読むといい。

o ô	[オ]	**pomme**	ポム	りんご	**tôt**	ト	早く

＊oとôは微妙に違うが……。

◆ちょっと注意の母音

u û	[ユ]	**jupe**	ジュップ	スカート	**sûr**	スュール	確かな

＊「イ」を発音する舌の位置をキープして「ユ」の音を出す。日本語の[ユ：yu]は、ユ～と伸ばしていくとやがて[ウ：u]の音になってしまうが、フランス語はそのまま音色が変わらない。

◆ e は 3 つの読みの可能性があります。詳細は「Q & A」☞ p.225

(1) e [ゥ] **petit** プティ 小さい

＊語の間で〈e＋1子音字〉のとき。この「ゥ」は軽く添えるような音。

(2) e [エ] **merci** メルスィ ありがとう **avec** アヴェック 一緒に

＊〈e＋2子音字〉あるいは〈e＋1子音字〉で終わるとき。(☞ p.13)

(3) e [無音] **vie** ヴィ 生活・人生

＊eが語末のとき。

生徒♥　面倒ですね……。

先生♠　いいえ、これらは文字なのだと憶えてください。楔形(くさび)文字を書くわけじゃないですから、見れば、すぐに真似て書けます。ただ、こうしたつづり字記号を省いて書かれる電子メールが増えています！

　文字ばけの原因になるからです（「ここまで覚えたい！　極めたい！」☞ pp.200-202に、さらに詳しい発音解説あり）。

2つ以上の母音字が組み合わさった際の読み

先生♠　フランス語の母音ですが、日本語の「あいうえお」に比べて口の開きの大小が大きい。つまり、口の運動量が多く、言うならば、派手なわけです。日本語ほど曖昧でなく、明瞭に音が前に出ていく感じと言えます。

生徒♥　もごもご、じゃ、まずいっすね。

先生♠　はい！　ただ、1つの母音字は、まだなんとか読めます。問題なのは、**2つ以上の母音字が重なって1つの音を出す**というお約束です。

　たとえば、ai は［アイ］や［エイ］でなく［エ］、au は［アウ］とはならず［オ］と読みます。これが初学者泣かせ。でも、右ページのルールを覚える！　そうすれば落涙せずにすみます。

複母音字

ai, ei ［エ］	m**ai**son メゾン 家	n**ei**ge ネージュ 雪

au, eau ［オ］	café **au** lait キャフェオレ カフェ・オ・レ
	b**eau** ボ 美しい ＊英語なら *beautiful*。

eu, œu ［ｩ］

＊この［ｩ］は［エ］の舌の位置で軽く［ウ］と発音する音。

bl**eu** ブル 青、青い

＊英語のつづりと似ているが……ちょっと、違う！

s**œu**r スーｒル 姉（妹）

＊「姉妹」と訳すのは複数形 sœurs のとき。

ou, où, oû ［ウ］

＊この［ウ］は強い音。唇を丸めて、前に突き出して発音される。ノーベル賞作家・大江健三郎が「肛門のように唇をつぼめ、突き出して発音」と形容した由緒正しき［ウ］であります。

v**ou**s ヴ あなた、あなた方

＊語末の子音字〈s〉は読まれない！

où ゥ どこ（に）

＊ù という文字が使われる唯一の語。

g**oû**rmet グｒルメ グルメ

＊語末の子音字〈t〉は読まれない！

oi ［オワ］	cr**oi**ssant クｒロワッサン クロワッサン ＊パンの種類

―《ここ大事！》――――――――――――――――――

"-e＋１子音字" で終わる語の e は［エ］の音で発音されます。
　例：me は［ム］ですが → mes［メ］met［メ］mer［メーｒル］
　　　ce は［ス］ですが → ces［セ］cet［セ］commencer［コマンセ］

発音編 13

生徒♥　これは、なんだか覚えるのが大変そうですね。

先生♠　そりゃ、最初から楽はできません。ゼロからの出発ですもの。語学とは「語が苦」だと言う人もいますから。でも、ここは、ゆったりと構えて、CDを聞きながらつづりと音の関係をつかまえてください。

　さて、ここまでの母音の読みのルールを覚えれば、単独の語句はおおむね読めます。

生徒♥　おおむね……ですか？

先生♠　ええ、CDを何度か聞いて練習してもらえたら、なんとか通じるレベルにはなっているはずです。

生徒♥　……（無言）。

先生♠　不満ですか？　ならば、思い出してください。英語の発音の基礎を学ぶのにどれほどの時間がかかったか。数時間？　数日？　いやいや、そう簡単ではなかったはずです。それに、個々の単語のアクセントも覚えなくてはなりませんでした。でも、フランス語は違います。右ページを見てください。🍷

　でも、フランスは、あとひと踏ん張りなのですがね。

生徒♥　もう少しですか、ならば……！

フランス語のアクセント

フランス語では、単語のアクセントは発音される最後の音節（☞ p.228）に置かれます。

　　　　　例：intelligent［アンテリジャン］知的な

＊英語ならば *intélligent* とアクセントの落ちる語。

　　　　　例：bicyclette［ビスィクレット］自転車

＊英語ならば *bícycle* とアクセントの落ちる語。

鼻母音

先生♠ 鼻に母音と書いて「びぼいん」と読む音があります。

生徒♥ 何ですか？　それ？

先生♠ Wikipediaから引用してみます（ちなみに、学生に調べモノをしてもらうと、このサイトからの引用がかなりあります。でも、これは間違いも多々ありますのでお気をつけください）。

> 「鼻音化（びおんか）とは、鼻音以外の音を調音しているときに、口蓋帆が下がって呼気が同時に鼻腔へも抜けることをいう。国際音声記号では、補助記号［˜］が鼻音化の記号として当てられており、［ɛ̃］や［ã］のように記述する。鼻音化がおこる代表例は母音であり、母音を鼻音化したものを特に鼻母音（びぼいん）と呼ぶ」。

生徒♥ はっ？　なんですかこれ？

先生♠ そうですよね、なかなか「音」を目で見てわかるように説明するのは大変です。というわけで、"百見"は"一聞"にしかず」。CDをお聞きください。ただ、あえて追記をすれば、鼻母音とは「ア〜ン（いや）」の「ン」です。"母音字＋m"あるいは"母音字＋n"のつづりで、女性（あるいは女性化した男性？）が「いや〜〜ン」と声をあげる時の、鼻に抜けて響く「ン」の音（飲み込む「ン」ではありません）。これがきれいに出れば、**鼻母音が美母音として響くフランス語になります**。一覧を見てください。☆

 **鼻母音** 05

大別すると次の2種です。しごく、簡単です。なお、注意喚起のために鼻母音のンを□で囲っています。

オン

on, om 〔オン〕

Bon**jour !**　ボンジューrル　（朝・昼の挨拶）おはよう・こんにちは

Mon**t-Blanc**　モンブラン　（山の名）モンブラン

アン

am, an, em, en
im, in, aim, ain, aim, ain, ym, yn　　アン　（CDで聞けばわかりますが、微妙に違うわけです！）
um, un

Fran**ce**　フらンス　フランス　　　　**p**ain　パン　パン

sym**phonie**　サンフォニ　シンフォニー　　un　アン　（数字）1

＊〔アン〕は細かに分ければ、3つの音の別がありますが、「ン」を鼻に抜くというポイントを忘れなければ、大抵のケースは〔アン〕の音で通じます。

◆厳密には4つの鼻母音があります

〔ɑ̃〕〔ɛ̃〕〔ɔ̃〕〔œ̃〕（現在、〔œ̃〕は〔ɛ̃〕に移りつつある）です。〔ɑ̃〕〔ɛ̃〕が〔アン〕、〔ɔ̃〕は〔オン〕です。欧州語でひとつの母音として鼻母音が存在するのは、ほかにポーランド語とポルトガル語ぐらい。ということは、鼻母音はフランス語の発音を特徴づける大きな要因のひとつというわけで、避けては通れません！

さらに前進、読みへの道

先生♠ 母音の読みに触れましたから、この先、子音の読みへと進むのが通常のルートなのですが、本書では、子音字について触れる前に、短時間で、誤りを少なく、効率的にフランス語を読めるようにするために、"絶対はずせない読みの注意事項"に寄り道をいたします。

とくに英語の読みとの違いを意識すること。まずは、書かれているのに「読まないで！」の注意からです。

生徒♥ 書かれていて読まない……？？？

文字の読み方 書いてあるが、読まない字がある。それをまず覚える！

語末の〈e〉

先生♠ フランス語には、〈e〉の文字で終わる語がたくさんあります。いままでに一度は耳にしたはずの日本語になった名詞を例にあげれば、

France   boutique   baguette   crêpe

などなど。どれもご覧の通り、〈e〉の文字で終わっていますね。ただし、この〈e〉を［フラン㋜＝[se]］［ブティッ㋘＝[ke]］［バゲッ㋟＝[te]］［クレッ㋩＝[pe]］などと［e］"エ"の音で絶対に読まない。つまり、

単語の最後の e を［ェ］の音で読まない!!

e の読みに注意しよう 06

CD でもかならず確認いただきたいのですが、とり急ぎ、いくつか例を書き足しておきます。

---

ce ［ス］ ＊「セ」ではない、「スウ」でもない！

France フｒランス ＊もちろん［フランセ］なんて音は NG。［フガンス］と聞こえる感じで r 音を出す！

glace グラース ＊「氷」「アイスクリーム」を意味する単語。

フランス語には本来、音引き「ラー」はない（たとえば、Paul は［ポル］でも［ポール］でも、どちらも同じで！とフランス人には言われてしまいます）。ただし、私たちの耳にはそう聞こえ、そう読む方が読み易いと判断したケースは、カナ文字の音引きを採用しました。（☞ Q&A p.229）

---

le ［ル］ ＊英語の *the* に相当する定冠詞で使われる。つまり、とても頻度高し！これを［レ］と読まないこと！

table ターブル ＊英語式に［テーブル］ではない。a はいつも「ア」と読みます。

double ドゥーブル ＊英語の「ダブル（2重）」に相当する語。

---

me ［ム］ ＊しつこく言う!!［メ］とは読まない！

système スィステム ＊英語の *system* に相当する語。

だから、順に

[フラン㊚[s]][ブティッ㋗[k]][バケットゥ[t]][クレッ㋠[p]]

となるのです。そして、右ページをチェック！

*語末の〈e〉は音にならない、そう覚えると私たちにはかえって難儀なので（たとえば、keのeをとってkだけの音で発音しなさい、とか、peからeをとpだけを純粋に抽出してみなさい、そう言われても無理ですよね）、あえて、声にならない本当に小さな、聞こえないような［ゥ］の音で読むと記憶するといい。（☞ Q&A p.226）

Rr音を出す！　☞どうしても、うまくRr音がでない方はQ&Ap.232

先生♠　「うがい」をしましょう。ただし、口に含んだ水を徐々に減らしていくイメージの「空のうがい」です。すると喉から「グ・グッ・グ」という痰を切るときのような音がしませんか。それがフランス語Rrの音!!

　美しさを欠いた説明ですが、このイメージが最もわかりやすいのではないかと思っています。そして、上記のイメージを頭に残したまま、Mexique［メクスィック］「メキシコ」を3～4回発音し、それにすぐ続けてMerci［メ ʀ ルスィ］「ありがとう」と発音してみてください。どうですか、日本語の「ラ行」とは違う〈R r音〉がでていませんか？

　この音が発音できないために「自分のフランス語は通じない！」というストレスが発生しかねません。日本語のラ行に置き換える（逃げ込む）なかれ！

　ちなみに、大聖堂で知られる Chartres という都市（パリの南西方向に位置する）に行けなかった知人がいます。今ではフランス在住

20　Boussole pour apprendre le français

〈子音字＋ e 〉は"[u ゥ] の列の音"になる!!

これを記憶すれば、フランス語の読みの難所はひとつ越えられる！

＊以下、カタカナやひらがなを混ぜたのは初学者への注意喚起の意図から。

く	**ke, que**	
し（ゅ）	**che**	→ただし、実際には「し」に近い。「ゅ」は要らない感覚！
じゅ	**je, ge**	
す	**ce, se**	
ず	**ze**	
トゥ	**te**	
ドゥ	**de**	
にゅ	**gne**	
ぬ	**ne**	
ふ	**fe**	
ぶ	**be**	
ヴ	**ve**	→ be との区別は、ve は下唇に息を吹きかける感じ！
ぷ	**pe**	
む	**me**	
る	**le**	
r ル	**re**	→ r 音には注意!! 〈ル〉より〈グ〉に近い感じ！

10年というベテランですが、来仏当初、何度「シャルトル」と叫んでも、「ル」の音がフランス語の〈R r音〉にならなかったため、周囲の誰にも Chartres と発音していると判別できなかったのです。しかり、この音は、日本語の「ラ行の音」とは別物です！

語末の子音字

先生♠ フランス語では、語末の子音字が書かれているのに、それを読まないことが多い！ これまた難儀ですね！

生徒♥ ふ～～～ (>_<)

先生♠ まぁ、まぁ。そう落ちこまないで聞いてください。
たとえば、フランスの首都は Paris。フランスの朝食のお供に飲まれる"コーヒー＋牛乳"は café au lait、食べるのは「三日月」の形をした croissant……。順に、読めますよね。

生徒♥ ええ、「パリ」「カフェオレ」「クロワッサン」。

先生♠ そうです、順に［パr リ］（→r音に再度の注意）、［キャフェオレ］（→実際には、カフェよりキャフェと聞こえます）、それと［クロワッサン］ですね。皆、語末に書かれている〈s〉や〈t〉を読みません！ これが初級者の頭をがつんと一発、悩ませます。右の一覧をゆっくり見てください。

語末の子音字・その1

読まない！

07

vacances	ヴァカンス	休暇、ヴァカンス
bavarois	バヴァrロワ	（ケーキ）ババロワ
Versailles	ヴェrサイユ	ベルサイユ宮殿
buffet	ビュフェ	（駅にある）ビュッフェ
petit	プティ	小さい
	*日本語は「プチ」ばやり。プチ・家出、プチ・整形 etc.	
chocolat	ショコラ	チョコレート、ココア
escargot	エスカrルゴ	エスカルゴ
deux	ドゥ	（数字）2
	*1 2 3 "アン・ドゥ・トロワ" の2。	
Mont-Blanc	モンブラン	モンブラン
	*雪をいただく「白い山」が直訳。ヨーロッパの名峰であり、ケーキの名としても知られる。	

日本語になっているフランス語（あるいは、一度は聞いたことがあるはずのフランス語）を並べました。語末の子音字が音にならない、読まれないという点に注目ください!!

　ただし、例外はつきもので、英語の _careful_「注意深い」に含まれる子音 c, r, f, l で終わる語はその子音字が読まれるケースが多い。同じく、一度は聞いたはずのフランス語を例に「語末の子音字・その２」です。

h- の存在はあっても無視！

先生♠　〈読まないぞ！〉の３つ目は h- の子音字。日本語の「は ha　ひ hi　へ hé　ほ ho」は h の音が消えて「a i é o」［アイエオ］と同じになります。これは簡単!!　つまり、書かれていても書いていないことになるのです。

生徒♥　はっ？　どういうことでしょうか？

先生♠　たとえば、バイクで有名なメーカー HONDA は、フランス人は［オンダ］と呼んでいます。H̶ONDA という感覚です。右ページに例を並べておきます。

読みます！

語末の子音字・その2

avec	アヴェック	（前置詞）一緒に

＊日本語では「男女（カップル）」のひと世代古い言い方。でも、そもそもは英語の *with* に相当する語。

bonjour	ボンジューrル	こんにちは、おはよう

＊最後は日本語の〈ル〉とは音がまったく違う……なお、語末のr音は軽めに発音!!

chef	シェフ	シェフ、（組織の）長
béchamel	ベシャメル	（料理）ベシャメル（ソース）

＊ホワイトルーに牛乳を混ぜて作る、白色ソースの代表です。

H の発音

Hermès	エrルメス	（ブランド名）エルメス

＊ギリシア神話ではヘルメスとして登場。なお、語末の〈s〉は読まれます。

hôtel	オテル	ホテル

＊英語ならもちろん *hotel* ［ホテル］です。この〈l〉も読まれます。

harmonie	アrルモニ	調和、ハーモニー

＊英語は *harmony* ［ハーモニ］ですね。

補足

先生♠ "読まないルール"を教室で説明していますと、何人か顔をしかめる者がいます。「英語では読むのに、フランス語は読まないなんて！」という抵抗感があるからでしょう。なまじ、同じ alphabet を使うだけに英・仏語の差を大きく意識するようです。

でも、英語（🐑：ここでの英語とは主に米語のこと）は書かれている文字を読みますか？ 語末の子音字 b, d, p, t などや語頭の h ですが、耳を傾けていると読まないように感じますが……。たとえば *girl friend* を「ガールフレンド」と発音する人には、まずお目にかかりません。［ギャーフレン］と聞こえます。朝食に食べる、*bread and butter* は［ブレッドゥンバ］です。どちらも、語末の子音字は読まれていません。さもなければ、私たちの耳には聞こえません。

語頭の h もはっきり聞こえないケースがあります。たとえば、*hand* はカナ読みで書けば「ハンド」より h が消音して［アンドゥ］に近い音に聞こえることがよくあります。また、このあと触れます、リエゾン（音をつなげる☞p.33）も英語で頻繁に行われます。

もし書かれている文字を「読まない」ことで神経質になるなら、むしろ、英語（注：しつこいですが米語）にこそ神経質になるべきではないでしょうか。なぜなら、アメリカに行くと、"自分が発音する音

(学校時代に学習してきた音)"と"聞こえてくる音（実際に発音される音)"が違う、そのためにとまどうからです。その点、フランス語は、発音の上手・下手はあっても、読まない字はみなが読まないのですから、同じ土俵の上です。もちろん、仏語を母語とする人と比べれば、横綱と新弟子検査レベルの差はありますが、幸い、英語のような異種格闘技ではないですもの。

ここで「米語」とあえて断ったのにはわけがあります。イギリス英語にもそれなりのくせはありますが、語末の子音の大半は聞こえます。それと、かれこれ45年前に、伊丹十三の記した以下の一節が、今なお妥当な指摘だと思えるからです。

「アメリカ語、というのは、わたしにいわせれば大田舎言葉だ。あんなものを有難がるのはよしてくれよ。真似するなんてとんでもない話だ。『あんた、アメリカ人の割には発音がいいね』くらいなことはいってやれよ」

たとえば、Fuck!をやたらに使う痩せた言語感覚!! これひとつとっても「有難がる」必要はないはず！ ちょっと力を入れすぎましたかしら……。

子音字

生徒♥ 子音字の読み方を教えてください。

先生♠ まず、英語読みでだいたい問題のない子音字として右ページのようなものがあげられます。

生徒♥ 注意の必要な子音字はどんなものがありますか？

先生♠ 次ページ（☞ p.30）のようなものです。ただし、最初から神経質になりすぎないでください。CDを聞きながら、"習うより慣れろ"の気持ですすめれば、いずれ、文字と読みのルールが自然に体になじんできます。視覚にばかりたよる読みは、楽しくありませんし、危険です。英語読みや無手勝流な発音になりかねないからです。一覧は、あくまで目安をまとめたものでしかありません。

それと、あまりに流暢な発音にこだわるのは、いかがでしょうか？こんな話を聞いたことがあります。大戦後の東京千手観音近くの銭湯での話。あまりに流暢な発音で、日本語を操りながら湯につかっている外国の人がいて、おそらくは西洋人という珍しさも手伝って、「それにしても、あんたは日本語がうまいわ」と周囲が感嘆したときのこと。相手は、カン発を入れずに「またまた、ご冗談を」と上手な発音で返した。これには開いた口がふさがらない。それとともに、なんだか、みながしらけてしまったと言います。そんな達者でなくていい。ちょいと訛(なま)った上手を欠いた発音が、ご愛嬌だと思いません？

英語の知識がいかせる子音字の読み

| b | [b ブ] | :バ行 | **bébé** | ベベ | 赤ちゃん |

＊ただし、c、s、t の前では [p ブ] になる。例：a<u>b</u>sence　アプサンス　欠席、不在

| d | [d ドゥ] | :ダ行 | **sala<u>d</u>e** | サラッドゥ | サラダ |

| f | [f フ] | :ファ行 | **<u>f</u>ilm** | フィルム | 映画 |

| j | [ʒ ジュ] | :ジャ行 | **<u>J</u>apon** | ジャポン | 日本 |

| k | [k ク] | :カ行 | **<u>k</u>leenex** | クリネクス | ティッシュペーパー |

＊外来語に用いられる。フランス語本来の文字ではない、k と w は外来語の指標。「クリネックス」は商標。

| l | [l ル] | :ラ行 | **<u>l</u>iberté** | リベルテ | 自由 |

＊ただし、i に先立たれると [j ュ] となることがある。例：famille　ファミーユ　家族

| m | [m ム] | :マ行 | **<u>m</u>aman** | ママン | お母さん |

| n | [n ヌ] | :ナ行 | **<u>n</u>écessaire** | ネセセール | 必要な |

| p | [p プ] | :パ行 | **<u>p</u>apa** | パパ | お父さん |

| ph | [f フ] | :ファ行 | **<u>ph</u>oto** | フォト | 写真 |

| t | [t トゥ] | :タ行 | **<u>t</u>able** | ターブル | テーブル |

| v | [v ヴ] | :ヴァ行 | **<u>v</u>acances** | ヴァカンス | 休暇、バカンス |

| w | [v ヴ]（あるいは[w ウィ]） | **<u>w</u>agon** | ヴァゴン | 客車 |
| | | | **sand<u>w</u>ich** | サンドウィッシ | サンドイッチ |

＊w は外来語に用いられる。

| z | [z ズ] | | **<u>z</u>oo** | ゾォー | 動物園 |

注意したい子音字の読み

c	[s ス] : ce, ci, cy	**cinéma**	スィネマ	映画館
	[k ク] : ca [キャ(カ)], co, cu	**café**	キャフェ	コーヒー
ç	[s ス] : ça, ço, çu	**leçon**	ルッソン	授業、レッスン
ch	[ʃ シ] : シャ行	**château**	シャトー	城
	[k ク] : 多くは子音の前	**technique**	テクニーク	技術
g	[g グ] : gr, ga, go, gu	**groupe**	グrルップ	グループ
	[ʒ ジュ] : ge, gi, gy	**garage**	ガrラージュ	ガレージ
gu	[g グ] : gue, gui	**guide**	ギッドゥ	ガイド
gn	[ɲ ニュ] : ニャ行	**signal**	スィニャル	合図、シグナル
h	無音	**horizon**	オrリゾン	水平線

＊ただし、文法上は「有音のh」と「無音のh」に別れます（☞ p.227）。

q	[q ク]	**coq**	コック	おんどり
qu	[k ク] : カ行	**qualité**	カリテ	質

＊ちなみに、qu'estとつづって、[ケ] と読みます。あらら…!!

r	[r ル] : ラ行	**radio**	rラディオ	ラジオ
rh	[r ル] : ラ行	**rhétorique**	rレトrリック	修辞学

＊何度も言います！〈r音〉のラ行には注意！

s	[s ス]	：サ行	**salon**	サロン	応接間、居間
	[z ズ]	：ザ行（母音字＋ s ＋母音字）	**rose**	rローズ	薔薇
sc	[sk スク]	：sca, sco, scu	**scandale**	スカンダル	スキャンダル
	[s ス]	：sci	**science**	スィアンス	科学
th	[t トゥ]	：タ行	**théâtre**	テアートrル	演劇、芝居
ti	[ti ティ]	：後ろに母音	**question**	ケスティオン	質問
	[sj スィ]		**action**	アクスィオン	行動
x	[gz グズ]	：ex ＋母音字	**examen**	エグザマン	試験
	[ks クス]		**taxi**	タクスィ	タクシー

＊x を［ス］と読む、数字の「6」six［スィス］といった例外もあります。

さらに続く、読みの道

先生♠ フランス語らしい発音、流れるような音楽の調べに近づけるには、**音をつなぐ技術、お約束を覚えなくてはなりません**。とくに、母音ではじまる前の語で次の3点に注意して欲しいのです。

生徒♥ 英語で言えば、*an apple* が「あん あっぷる」ではなく「アナポー」と読まれたり、*Not at all.* が日本語式の「のっと あっと お～る」ではなく「ナラローゥ」と聞こえるという類（たぐい）でしょうか。

先生♠ ビンゴ！ そうです！

では、右の例を見てください。CDも聞いてください。きちんとフランス語を読むために大事なお約束です！

なお次ページ（☞ p.34）は「読み」のルールというよりも、フランス語を書くときの決まりです。

リエゾン　liaison「連音」

　単独では発音されない語末の子音字が、次に母音ではじまる語（無音のhを含む ☞ Q&A p.227）が来ると、その母音と結びついて発音されます。‿はリエゾンを示すマークです。

*以下、本書では「母音ではじまる語（無音のhを含む）」の説明文中の（　）内の補足は省きます。

単独で発音した場合　　　　　　　　リエゾンした場合

des デ ＋ **enfant** アンファン　→　**des‿enfants**　デザンファン

　　　　　　　　　　　　　　　　　子供たち　*some children*

nous ヌ ＋ **avons** アヴォン　→　**nous‿avons**　ヌ ザヴォン

　　　　　　　　　　　　　　　　　私たちは持つ　*we have*

アンシェヌマン　enchaînement「連鎖作用」「またがり」

　発音される語末の子音が、次に母音ではじまる語がくると、母音と一体化されて発音されます。⌒はアンシェヌマンを示すマークです。

単独で発音した場合　　　　　　　　アンシェヌマンした場合

elle エル ＋ **a** ア　　　　　→　**elle⌒a**　エラ

　　　　　　　　　　　　　　　　　彼女は持つ　*she has*

une ユヌ ＋ **histoire** イストワーrル

　　　　　　　　　　　　　　　→　**une⌒histoire**　ユニストワーrル

＊hはあってもないものと考えます　　物語・歴史　*a history*

エリズィオン　élision「母音字省略」

ce, de, je, la（語末の a が省かれる唯一の語）, le, me, ne, que, se, te の10語（きわめて頻度の高い語句。ちなみにつづりの短い語は大半が重要語）は、うしろに母音を伴うと、母音字〈e〉〈a〉が省略されます。また si は、うしろに il, ils を伴う際には〈i〉が省かれます。これをエリズィオンと言います。なお、省略された文字は〈'〉アポストロフでつながれます。

こうは書かない	正しい書き方（エリズィオンした場合）
je + ai（×）	→ **j'ai**　ジェ　*I have*
Je te + aime（×）	→ **Je t'aime.**　ジュテーム　*I love you.*
si + il（×）	→ **s'il**　スィル　*if he, if it*

＊ただし、主語として使われる elle（英語の *she, it* に相当する語）はエリズィオンの対象となる語ではありません（☞ Q&A p.232）。

「発音編」の総復習は「練習問題で総まとめ」（☞ pp. ②-③）で！

さかさま可能じゃ通じない

　突然ですが自分の氏名をさかさまに言えますか？　たとえば、田中明（たなかあきら）という名なら「らきあかなた」、鈴木真弓（すずきまゆみ）なら「みゆまきずす」というさかさま読みです。たぶん、日本人であれば、誰もが自分の名のさかさまを即答できるはず……ですよね。

　でも、あなたのフランス語の読み方がもしこうなっていたとしたら、その読みは危ない！　通じない！

　たとえば、Bonjour が、"るーゅじんぼ"とさかさまに言えるとしたら、発音するとき、逐一、母音が介入していることになります。つまり、"bo・n・ju：・ru" となっているはずで、それはフランス語の音 [bɔ̃ʒuːr] とは別物です。

　実存主義の哲学者 Sartre が来日した際のエピソードが、警鐘を鳴らしてくれます。彼が壇上にいて、司会者から「では、"サルトル"さんです。どうぞ」と名前がコールされ、マイクの前へと促されたとき、彼は自分が指名されたと思わず、坐ったまま動かなかったそうです。と言うのも、日本語表記だと彼の名は "Sarutoru サ・ル・ト・ル"ですが、実際には [sartr] という読みで、母音は1つだけ。なのに、日本語には母音が4つ。この音節（拍数）のせいで（まして〈r 音〉と〈l 音〉の区別も消失した読みですからなおのこと）、さしもの哲学者も、自分の名が呼ばれているとは気づかなかったのです。いわば、"♪ r.."と紹介されるものと思っていたのに、"♪♪♪♪"と発音されたようなものですから。

　さてさて、あなたのフランス語はいかがでしょう。逐一、子音の直後に母音が介入・乱入していませんか？　"サルトル→ルトルサ"と反転できる日本語読みになってはいない……ですね。

Boussole pour apprendre le français ★★★

01 男と女の世界なり！

性と数

名詞の性と数　男と女のいる世界

生徒♥　フランス語の名詞には男性と女性があるって聞きました。これ、どういうことですか？　それと、ここでいきなりつまずく人が多いと聞きましたが♦。

先生♠　名詞の「性」と言われても、ピーンとこないですから、難しく感じるんですね。

「男・女」、「雄・雌」といった自然の性（sexe セクス と呼ばれます）を持つ単語はもちろんですが、本来、性と無関係な名詞にも、フランス語では文法上の男・女の別（genre ジャンrル と言います）があります。右ページの一覧を見てください。

🅐は自然の摂理で、性の別は歴然です。一方、🅑の性の別は勝手な分類です。主に男性が締める「ネクタイ」が女性名詞で、女性が多く身につける「ネックレス」は男性名詞。自転車と自動車は同じ乗物でありながら、男・女に違いがあり、「国名」や「食欲」、「美しさ」といった抽象名詞にも男・女の性の違いがあります。

> ＊カナの読みですが、この先、一部ではありますが訳語をまたいだ右側に置きました。
> フランス語の近くにカナ読みを置きますと、"おしめ"が取れませんから！

名詞の性と数

A 自然の性を持つ語
＊⟨rラ・rル⟩などは"⟨R⟩音"をしっかと意識してもらうための表記です（☞ p.20・p.232）。

男性 m. (masculin)			女性 f. (féminin)		
père	父	ペーrル	**mère**	母	メーrル
fils	息子	フィス	**fille**	娘	フィーユ
frère	兄・弟	フレーrル	**sœur**	姉・妹	スーrル

B 自然の性を持たない語

男性 m. (masculin)			女性 f. (féminin)		
Japon	日本	ジャポン	**France**	フランス	フrランス
vélo	自転車	ヴェロ	**voiture**	自動車	ヴォワチューrル
collier	ネックレス	コリエ	**cravate**	ネクタイ	クrラヴァットゥ
appétit	食欲	アペティ	**beauté**	美しさ	ボテ

男の国・女の国

国名の場合 ⟨-e⟩ の文字で終わる国は、女性名詞とみなされ、それ以外のつづり字で終わる国が男性名詞です。例外は Mexique [メクスィック]「メキシコ」（Mexico のつづりが優先、フランス語では ⟨-e⟩ の綴りで終わるものの男性名詞とされる）や Cambodge [カンボジュ]「カンボジア」など数カ国のみ。なお、名詞の男・女の別は、この先に触れる冠詞や所有形容詞などをつけて、耳に、口になじませていけばおのずと身につきます。ご安心を。

名詞の女性形（単数）の作り方

先生♠　たとえば「学生」「日本人」「友だち」など両性にまたがる語を言い表すには、右ページのパターンが男・女をわける原則の形になります。

生徒♥　言うならば、単語の最後に来る〈e〉は女性のマークといった感じですか？

先生♠　そうですね。前ページの **Ⓐ・Ⓑ** の一覧を、もう一度、見てください。女性名詞は、sœur「姉・妹」以外、〈e〉で終わっている語ばかり。つまり、〈－e〉のつづりになる多くの語は女性名詞です。ただし、100％ではありません。père「父」や frère「兄・弟」は〈e〉で終わっていても男性名詞！　ただ、日常会話に必須の語は別にして、抽象度があがれば〈e〉で終わる語の大半は女性名詞です。

どうして性の別なんてあるの？

先生♠　名詞の男・女の別は、欧州の言語ならどれにもあります。

生徒♥　どうしてですか？

先生♠　んん〜〜、どうしてか……はっきりしませんが、そもそもは、人間の男・女の別を動物の♂・♀に当てはめ、それを自然や事物にも広げていったからではないかと言われています。あるいは、原インド・ヨーロッパ諸語の神話の概念が元になっているという説もあります。

ちなみに「なぜ、日本語の名詞に性の別がないのだろうか」と、私たちとは逆の違和感を抱く外国の人がいるようです。

名詞の女性形（単数）の作り方

14

"男性形・単数＋e" → "女性形・単数"

étudiant 男 学生　エテュディアン　→
　　　　　　　étudiante 女 学生　エテュディアントゥ
Japonais 男 日本人　ジャポネ　→
　　　　　　　Japonaise 女 日本人　ジャポネーズ

＊男性形では読まれない語末の子音字（上記の例では"t"と"s"）に、〈e〉が添えられるとその子音字が発音されることに注意。

ami 男 （男性の）友人　アミ　→　amie 女 （女性の）友人　アミ

＊男性形が母音で終わっている単語に〈e〉を添えても読みは変らない！

ポルトガル人・モラエス（1854-1929）は『日本精神』のなかで、日本語に名詞の性がない不思議に触れて、「言語上よりむしろ心理上きわめて重要」と書いています。欧州の言語では名詞の性別が文法的に大切なものだが、「日本語では自然が優位にあり、人間の没個性（非人称性）を軸に、自分をとるにたらないものとしたから」という理屈。つまり、自然への恐れを抱き、人間（自身）を表立って表現しないという性質が、われわれの言語の根幹にあるというわけです。

生徒♥　でも、英語に名詞の性の別なんてないですよね。

先生♠　いやいや、文法上の性が、かつてはあったのです。クイーン・エリザベス2世号など船の名前が女性名なのはそのなごり。でも、時代の荒波をくぐるうちに、英語では性が消失したのです。

だいじょうぶですよ、間違えても！

生徒♥　初めてだと、すべて覚えることばかりでつらいです。

先生♠　そう、たしかに、前提となる知識がないから最初はとまどいがあっても仕方ないことです。でも、ここだけの話ですが、名詞の男女の別はちょこっと間違えても、それはそれ、ご愛嬌です。よほどのことがなければ、会話で意味不明？　なんてことにはなりません。フランス語を話す友人ができれば、名詞の男・女を取り違えても、笑いながら注意してくれるから、平気です！　語学の達人と言われている方でも、時折、男女を間違えている人もいます。

生徒♥　先生もそうですか？

先生♠　……。ともかく、間違いを恐れずに覚えていくのが、語学上達の秘訣。自身の体験からそう思います。

　なお、会話力は、その言葉を使う空間にどれだけ住んでいたかという長さに比例するものです。これを、かいた恥の数に比例するという言い方をしている人もいます。

1066年のノルマン・コンクェスト（征服）をご記憶ですか？　フランス人貴族がイギリス宮廷の実権を握り、その後、300年にわたって、イギリスの上流階級を支配し続けたきっかけとなったもの。この征服以降、中世末期のイギリスでは、貴族・支配階級はフランス語を用い、一般庶民は英語を使うという区分けができ、そのために、英語は名詞の男女の別がなくなり、文法規則は乱れ、動詞活用が簡素化していったのです。

映画評論家で大学教授の四方田犬彦さんは「外国語の会話能力というのは、つまるところその言語のなかでの生活時間の長さに比例する」と書いています。また、フランス文学者・鹿島茂さんは「会話の能力はかいた恥の数と正比例する」とコメント。ご両人とも"比例"と書く共通点に、なにやら逆海老ぞりの自信と弱腰とが見え隠れ……かしら。

名詞に〈s〉をつければ複数形

先生♠ 名詞を複数にするには、英語と同じく単語の最後に〈s〉をつければいい。*book* が *books* で複数形となるように、「本」livre を livres とすれば複数になります。右ページを見てください。

注意がいるのは、この〈s〉を発音しないという点。したがって、livre も livres も読めば［liːvr リーヴｒル］で変化なしです。

生徒♥ 英語のように books［buks ブックス］とはならない……？

先生♠ そうです。でも、どうして〈s〉を発音しないのか、不思議ですよね。そのわけは、ちょっと待ってくださいね、このあと冠詞がらみできちんと説明しますから（☞ p.49）。

いまは、とにもかくにも、単語の最後に置かれた複数を示す〈s〉は書かれていても発音しない！　それをしっかり覚えて。

そうそう、唐突に話は変わりますが、フランスの首都はどこです？

生徒♥ はッ？　パリですが……。

先生♠ その通り、Paris とつづって［パｒリ］と読まれます。でも、英語では、*Paris* と書いて［パリス］と読む。英語では読まれる〈s〉、つまり、単語の最後に置かれる子音字が、フランス語では、通常、読まれないという約束（☞発音編 p.22で確認）！　それが、この複数の〈s〉の読みにも生きているわけです。

複数形の作り方

単数形　　　　　　　　複数形

名詞（単数形）＋ s　→　名詞＋ s

livre　　　＋ s　→　**livre** s

＊ただしこの〈s〉を発音しない！　よって、livre も livres も［リーヴｒル］と読む！

Paris の位置とフランスの略地図

＊語学の学習と地理を連動させる、これ大事なポイント！　知らない場所が出てきたら地図で調べる。これだけでも一歩前進。さて、これ、フランスの略図の描き方です。正六角形の左上に三角を2つプラスします。これ半島です。Paris の位置は北、イラストの位置（●）にあります。正式には半島も含めて正六角形の中に書くのですが、それだと形になりにくいので……。なお、フランス本土は正に「6角形」を意味する l'Hexagone［レグザゴーヌ］（英語の *hexagon*「ヘキサゴン」）と呼ばれます。

名詞編

それともうひとつ、たとえば「女子学生」étudiante［エテュディアントゥ］の複数ですが、これも étudiantes と〈s〉を最後に添えれば複数です。発音は単数も複数も同じ。だって、**語末の〈s〉は読みに影響を与えないからです。**

　なお、この最後の〈e〉と〈s〉をひっくり返して、étudiantse なんて書き方はダメ!!　男性単数の étudiant［エテュディアン］から順に見ていくと、女性のマークである〈e〉が先に付き、ついで複数の〈s〉が書かれるという順です。

　それと、〈s〉を添えるのではなく、別の方法で複数形をつくり出す語については、「ここまで覚えたい！　極めたい！」（☞ p.206）を参照ください。

名詞編 45

名詞編

Boussole pour apprendre le français ★★★

02 名詞の前につく3つのことば

冠詞

名詞がかぶる帽子①（不定冠詞）

先生♠　冠詞って聞いたことあるよね。

生徒♥　ええ、*a book*、*an apple*、*the table* みたいに名詞の頭につく、あれ……ですよね。

先生♠　そう、「あれ」です！　名詞を実際に使うときには、その頭に、通常、かならず何か（名詞の意味・用法を伝える「標識語」と呼ばれる）が添えられます。そのひとつが冠詞です。

　フランス語の冠詞には、**不定冠詞、定冠詞、それと部分冠詞**があります。

生徒♥　3つですか？

先生♠　ええ、3種類の冠詞があります。フランス語の冠詞は、名詞の男女の別、複数・単数によって形が変化しますのでそれを覚えなくてはなりません。まずは、**英語の *a*、*an* に相当する不定冠詞**から見ていきましょう。右ページをご覧ください。

不定冠詞

数えられる名詞（人や物）に用いられ、初めて話題になる際に使われます。つまり、不特定のもの

> 〔単数〕ある1つの／1人の
> 〔複数〕いくつかの、若干数の／何人かの

を示します。ただし、日本語にはあえて訳さない場合がほとんどです（ちなみに、英語の *I am a student.* を「私は"1人の"学生です」とは訳しませんものね）。

男性・単数 **un** アン 女性・単数 **une** ユヌ	男女・複数 **des** デ ＊［デス］ではない「デ」！

◆不定冠詞の例

un livre アン リーヴrル （1冊の）本　*a book*	**des livres** デ リーヴrル （数冊の）本　*some books*
une maison ユヌ メゾン （1軒の）家　*a house*	**des maisons** デ メゾン （数軒の）家　*some houses*

英語の *a*、*an* に相当する語ですが、**des という"複数形"（英語で言えば *some* に相当）があるので注意**。フランス語の複数形を作る〈s〉が読まれないために、いわばその〈s〉を先どりする複数の不定冠詞が必要なのです。こんな考え方です。

　なお、耳で聞けば一発ですが、目だけではわかりにくい、不定冠詞と後につづく母音ではじまる語との音のつながりに注意！

生徒♥　わっ！　なんだか、複雑じゃないですか!!
先生♠　そうでもないですよ、大丈夫。フランス語学習者なら、だれもがみんな通って来た道です。CD を聞きながら、もう一度、説明に目を通してみてください。けっして、面倒なものではありません。名詞の男女、単数・複数で、不定冠詞は都合 3 つの形がある、それだけのことですから。

　それと、今後、以下の点を心がけてください。新しい名詞の男女を覚える際に、冠詞を添えて覚えるという当たり前について。これを習慣化してください。たとえば、日本語にもなっている「店」を意味する boutique［ブティック］という語を、辞書で調べて「女性名詞」、ふむふむと頭で理解するのではなくて、une boutique［ユヌ ブティック］と冠詞を添えて一度か二度、発音して、自然に女性名詞だと記憶するというあり方です。名詞の性になじむということは、言い換えれば、冠詞の別になじむという意味なのですから。

不定冠詞（続き）

livre s　　　　　　　**des livres**

リーヴrル　　　　　　　デ リーヴrル
↑　　　　　　　　　　　↑
発音しない　　　　　　不定冠詞複数［デ］でうしろに来る名詞が複数であることを示唆

先どり

英語に当てはめれば s + book とする感覚！

*名詞の後に添えられた複数の〈s〉を読まないので、"冠詞"によって、複数であることを明示する必要がある！

発音上の注意

un ami　（1人の男の）友だち　アナミ
×［アンアミ］ではない。n 音と次の母音が結びついて発音される！

une amie　（1人の女の）友だち　ユナミ
×［ユヌ アミ］ではない。[yn（ユヌ）]が次の母音と一体化される。

des amis　（何人かの）友だち　デザミ
×［デ アミ］ではない。

☞発音編 p.33「リエゾン」「アンシェヌマン」を参照のこと。

名詞がかぶる帽子② (定冠詞)

生徒♥ では、定冠詞も名詞の男女、単複に応じて変化するわけですね。

先生♠ そうです。英語の *the* に相当する定冠詞も、不定冠詞と同じく形は3つ。名詞の男女、単複に応じて右の種類があります。

生徒♥ 用例はどんなものがありますか？ 英語では冠詞でつまずいた苦い思い出があるので丁寧に教えてもらえると助かります。

先生♠ では、順番に例をあげながら、ゆっくりと進めていきましょう。ただし、いたずらな簡略化はいたしません。歯ごたえのある文法かもしれませんが、くじけずについて来てください。

　まず、定冠詞は、英語の *the* と同じく、会話のなかで"これだと特定化された（限定された）人やモノ"、"既知の人やモノ（既に話題にのぼった名詞）"を指して「その〜」「例の〜」といった意味をもちます。不定冠詞では「とある」「1冊の」「1軒の」と不特定であった語 un livre, une maison（あるいは複数）を特定化します。

生徒♥ 英語でもそうですが、定冠詞というと大半の教科書・参考書に「特定化」（あるいは「限定」）と書かれているのですが、そのニュアンスがつかまえきれないのですが……。

先生♠ たしかに、わかりにくいですね。では、こんな例はいかがですか？ ある日、書店で「(1冊) 本を買った」とします。この「本」のことを、帰宅後に家庭内で話題にするとしたら、フランス語ではどう言いますか？ un livre ですか、le livre でしょうか？

定冠詞

男性・単数

le ル (**l'**)

＊[レ] じゃない！
→語末の〈e〉は無音です!!

女性・単数

la ラ (**l'**)

男女・複数

les レ

＊[レス] じゃない!!
→語末の〈s〉は発音されない！

＊l' は語頭が母音字ではじまる男女の名詞（単数）の前で用いられる。

定冠詞（特定）

un livre	→ **le** livre	（その）本	ル リーヴr ル
des livres	→ **les** livres	（それらの）本	レ リーヴr ル
une maison	→ **la** maison	（その）家	ラ メゾン
des maisons	→ **les** maisons	（それらの）家々	レ メゾン

定冠詞 le, la は母音字の前では l' を用います。

例　× le arbre（とせずに） → **l'arbre** （その）木　　ラr ルブr ル
　　× la école（とせずに） → **l'école** （その）学校　レコール

名詞編 51

なるほど、本人にとってみればすでに「本」は「自分が買ったその本」として限定されて存在していますね。でも、聞き手にはどんな本なのかいきなりはわかりません。「その本がね……」と le livre で話題をふれば、聞き手は「えっ、何の本？」と困惑します。したがって、話を始める際（はじめて「本」が話題になるとき）には un livre と不定冠詞になります。それを聞いて母親が「あっ、その本、売れてるらしいわね？」と言ったとしたら、それは le livre です。何の本か互いにわかっているのですから、特定化（限定）されます。

会話ではじめて話題にのぼるときには un livre、「その本」がどの本を指すのか聞き手に理解されれば、定冠詞を用いて le livre となります。これが「特定化」（限定）です。そもそも、定冠詞の"定"は"定められた"＝"限定された"の意味なのですから。

生徒♥　定冠詞にほかの用法はありますか？

先生♠　総称（全体：物の種類や概念）として、「〜のすべて」という意味でも定冠詞が使われます。数えられる名詞では複数形が使われ、数えられない名詞では単数形がもちいられます。この説明にはまだ学習していない、動詞の力を借りて説明をしてみます。そうでないと話が見えにくいからです。右ページを見てください。

生徒♥　ちょっと待ってください。右の例文(1)(2)を「私はそのワインが好きです」「それらの猫が好きです」とは訳せませんか？　さきほ

定冠詞（総称）

英語と同じく「ワイン」は、通常、複数形では用いません。定冠詞をそえれば "le vin" です。これを用いて、「私は赤でも白でも、銘柄がなんであれ〈ワイン〉ならどれも好き」という意味で「私はワインが好きです」とするには下記(1)の文章を使います。

J'aime
「私は〜が好きです」 ジェーム
＊英語の I love, I like に相当します。

＋

le vin. ……………… (1)
ワイン（というもの） ル ヴァン
les chats. ……………… (2)
猫（というもの） レ シャ

一方、「猫」は 1 匹 un chat［アン シャ］、2 匹 deux chats［ドゥー シャ］と数えられますが、全体をまとめて（つまり複数形にして）定冠詞を添えると「猫」を総称としてとらえることになります。「私は猫ならばどんな猫でも（血統書付きでも、雑種でも、三毛でも、黒でも）好きです」という意味で「私は猫が好きです」としたければ上記(2)の文章を用います。

どの「特定化」という理解で……。

先生♠ たしかに可能ではあります。ただし、「好き」「嫌い」を表現する文脈で定冠詞が使われるケースでは、大半が「総称」のニュアンスになると覚えておいてください。「そのワイン」「それらの猫」を表現するには、指示形容詞（☞ p.138）という手段があり、ce vin, ces chats という別の言い方が可能ですから。

生徒♥ 話は戻りますが、定冠詞が「総称」を表す例をもう少し示してください。まだ、しっくりこないので……。

先生♠ たしかに、つかみづらいですね。まだ、文章を作るルールに話が及んでいないので、フランス語をはじめたばかりの方々には何なのですが、前述のように「私は～が好き」と表現するとき、フランス語では J'aime［ジェーム］という形を用います。これを使って別例を考えてみれば、もう少し、「全体」「総称」というイメージがはっきりしてくると思います。

　数えられない名詞の例として「私はコーヒーが好き」と表現するとすると、男性名詞 café の豆の種類や焙煎の具合やホットかアイスかなどなど、細々と意識せずに、「コーヒー」をまとめて、全体（総称："コーヒーというもの"というざっくりした感覚）として意識できますよね。だから、「私はコーヒーが好き」は、J'aime le café. とします。数えられない名詞は、"定冠詞単数＋名詞"で「全体（総称）」を指します。

一方、数えられる名詞の場合、たとえば「私は車が好きです」と言いたければ「自動車」voiture を複数にし、定冠詞（複数）を添えて J'aime les voitures. と表現します。数えられる名詞の場合には、"定冠詞複数＋名詞複数"で「全体（総称)」を言い表すからです。

生徒♥　英語の *the sun*「太陽」や *the moon*「月」のように、この世に１つしかないものはフランス語も定冠詞でしょうか？

先生♠　ええ、そうです。これも「特定」という考え方から来ています。「太陽」「月」「日本」「フランス」のようにひとつしか存在しない名詞には定冠詞が使われます。下記を見てください。

定冠詞（総称・続き）

J'aime **le café** .　　　ジェーム ル キャフェ
J'aime **les voitures** .　ジェーム レ ヴォワチューrル

定冠詞（続き）

例　le Soleil　太陽　　ル ソレイユ　　＊天文学の用語としては大文字で書かれる。
　　la Lune　　月　　　ラ リュンヌ
　　le Japon　 日本　　ル ジャポン
　　la France　フランス　ラ フr ランス

名詞編 55

名詞がかぶる帽子③（部分冠詞）

先生♠ フランス語には、もうひとつ冠詞があります。**部分冠詞と呼ばれるものです。数えられない名詞（物質名詞・集合名詞）に用いられ、「いくらかの量（若干量）」を表します。**つまり、"量"を表すのです。「勇気」や「幸運」といった抽象名詞の"程度"を指して部分冠詞を用いることもあります。

　この冠詞は数えられない名詞に用いられるのですから、**複数形はありません。**実際、どんな名詞につくのか、具体的にイメージできるように、定冠詞と並べた例もいくつかあげておきましょう。

生徒♥ 「コーヒー」や「紅茶」などが、英語でも、*a coffee*（×）、*a tea*（×）と数えずに *a cup of coffee*, *a cup of tea* と数える感覚で、「数えられない」名詞というのはわかります。でも、「勇気」や「愛」を数えないという意味が、つかみにくいのですが……。

先生♠ たとえば、友人が人前でちょっとした「勇気」を振るったとします。そのとき、Tu as du courage!「君は勇気があるな！」と言います。使われるのは部分冠詞です。発揮されたのは le courage「（抽象的な）勇気（という概念）」ではなく、du courage「（目に見える具体的な）勇気」と考えるためです。あるいは、「私は娘に愛情を抱いています」なら J'ai de l'amour pour ma fille. です。それは「（具体的に注がれる）愛」で、「（抽象的な）愛」l'amour ではないからです（☞ 冠詞全般に関する補足説明は p.206以降）。

部分冠詞（複数形はない）

	男性	女性
	du デュ （**de l'**）	**de la** ドゥ ラ（**de l'**）

＊母音の前では男性も女性も、de l' になります。

du pain　パン　デュ パン　　　　**de la** chance　幸運　ドゥ ラ シャーンス

de l'argent　お金　ドゥ ラ ルジャン　　**de l'**eau　水　ドゥ ロ

＊argent は男性名詞、eau は女性名詞です。

◆部分冠詞の例

紅茶	**le** thé	ル テ	→	**du** thé	デュ テ
ビール	**la** bière	ラ ビエーｒル	→	**de la** bière	ドゥ ラ ビエーｒル
勇気	**le** courage	ル クｒラージュ	→	**du** courage	デュ クｒラージュ
愛	**l'**amour	ラムーｒル	→	**de l'**amour	ドゥ ラムーｒル

Tu as **du courage** !　テュ ア デュ クｒラージュ

＊「君は勇気を持っている」が直訳。Tu as は英語の *You have* に相当。

J'ai **de l'amour** pour ma fille.　ジェ ドゥ ラムーｒル プーｒル マ フィーュ

＊pour ma fille を英語で言えば、*toward my daughter* です。

名詞編01〜02の復習は「練習問題で総まとめ」
（☞ pp. ③ - ④）で！

名詞編

Boussole pour apprendre le français ★★★

03 主語をどう表すか？

主語人称代名詞

先生♠ 主語（〜は、〜が）として使われる人称代名詞の話をします。

生徒♥ 氏名の代わりに「僕」や「私」とか、モノを指して「それ」とか、つまり、英語のIやitなどに当たる語のことですね。

先生♠ そうです。人称というのは以下のように分類されます。

1人称 「話者（話をしている人）」＝「わたし、僕、わたしたち」
2人称 「聞き手（話を聞いている人）」＝「君、あなた、あなたたち」
3人称 「（話に登場する）それ以外の"人とモノ"」

生徒♥ 3人称は英語の *he* や *she*、それに *it* ですね。

先生♠ それに、複数の *they* です。右の一覧を見てください。

生徒♥ 注意点はありますか。

先生♠ 初学者のつまずきの原因となりかねない「注意点」はp.60の通りです。

少し長い説明文ですが、はじめてフランス語を学ぶ方は、一読ください。単純なルールですが見落としのある方が実に多い!!

主語 ～は、～が（訳例）

		フランス語		英語
1人称	私（僕）は	**je**	ジュ	*I*
2人称	君（あなた）は	**tu**	テュ	*you*
3人称	彼（それ）は	**il**	イル	*he, it*
	彼女（それ）は	**elle**	エル	*she, it*
	人々は、私たちは	**on**	オン	*one, people, we*
1人称	私たちは	**nous**	ヌ	*we*
2人称	あなた（あなたたち）は	**vous**	ヴ	*you*
3人称	彼ら（それら）は	**ils**	イル	*they*
	彼女ら（それら）は	**elles**	エル	*they*

動詞に先立ち、主語として用いられますので、通常は

主語人称代名詞 ＋ 動詞（活用形）
　　S　　　　　＋　　V

→ 主語に応じて形が変化します！

という語順で登場します。

例
I am ... → **Je** suis ... 「私は～です」
He goes ... → **Il** va ... 「彼は～行く」
They go ... → **Ils** vont ... 「彼らは～行く」

＊フランス語は原則として「語末の子音字を発音しない」ルールのため、単独で発音すると"3人称単数 il / elle ［イル／エル］"と"3人称複数 ils / elles ［イル／エル］"の読みは、まったく同じです。あとにつづく動詞が形を変えることで両者の違いを表します。

細かな注意点

(1) je はうしろに母音・無音の h で始まる動詞がくると、j' とエリズィオン（☞発音編 p.34）します。なお、英語の *I* とは違い、文頭以外では je あるいは j' と小文字で書きます。

(2) 2人称単数主語 tu は、家族や友人など親しい間柄で用い、vous は初対面の相手や目上の人などいわば親密度の低い関係で主に使われます。なお、vous は複数の意味を持ちますが（英語の you と同じ）、tu は常に単数でしか用いません。

> tu は単数、vous は複数という理解は誤り！

(3) 3人称単数主語 il / elle、ならびに3人称複数主語 ils / elles はそれぞれ「それは・それらは」の意味でモノに対しても用いられます。なお、複数の女性のなかに男性がたった1人の場合（たとえば50対1）でも、主語には ils が使われます。んん〜〜、男尊女卑！

(4) 英語の *it* に相当する事物だけを指し示す特定の代名詞がないために、il を非人称の主語としても用います（例：「晴れです」Il fait beau.［イル フェ ボ］/ *It is fine.*）。

⑸ on は3人称単数扱い（文法上は「不定代名詞」と分類されます）。漠然と不特定の人を指して「人は、人々は」とか「誰か」といった意味で、あるいは会話で「私たち」（nous の代用）として使われます。頻度の高い主語ですから、前ページ（p.59）の表に載せました。ラテン語の homo「人」（Homo sapiens ホモ・サピエンスの "homo"）から派生しました。

主語は手ごわい

　フランス語の文章には主語が必要です。この当たり前を実践することは、私たちにとって、けっして容易なことではありません。『外国語を身につけるための日本語』の著者・三森ゆかりさんはこう書いています。「（主語の省略が）日本人の言語感覚に深く根を張っているため、日本人が明確に主語を意識して会話をしたり、文章を書いたりするのは、思いのほか努力が必要です」。そして、「外国語を速やかに習得するためには、主語に敏感にならなければならない。主体を明確にしながら対象を切り取る感覚を持っていないと、外国語を学ぼうとする際にその部分でつまずく場合があるからです」。

　主語に敏感になるための最初の一歩が、主語人称代名詞をしっかりと覚えること。とくに、この先説明する動詞とからめて "S + V" の展開に自然になじむこと。ここからコミュニケーションのイロハがはじまります（☞ p.239）。

はじめて本書でフランス語を学習する方は
動詞編 06（☞ p.74）へお進みください。

名詞編

Boussole pour apprendre le français ★★★

04 重要なふたつの前置詞

à と de

重要なふたつの前置詞

先生♠ フランス語には突出して**頻度の高い前置詞**があります。**à** と **de** です。英語と対照しながら、基本の用法を見ておきましょう。右ページを見てください。

　右の例のように、英語なら多様な前置詞で置き換えられる用例が、フランス語では à あるいは de が使われるわけですから、使用頻度が高いわけです。ところで、一番最後の例文 Il vient de France. ですが、場所を変えて「彼は"パリから"来た（パリの出身です）」とするならどうしますか。

生徒♥ Il vient de Paris. じゃないんですか？　動詞 venir を確認した際に、たしか Bordeaux を使った例文で似たような文を見たように思いますが。

先生♠ そう、正解です。では、「日本」に置き換えたらどうなると思います？

前置詞 à

Mon ami reste **à** Blois.　モナミ r レストゥ ア ブロワ
友人はブロワに滞在している。　＊ rester à Blois = *stay* |in| *Blois*

Elle va **à** la gare.　エル ヴァ ア ラ ガー r ル
彼女は駅へ行く。　＊ aller à la gare = *go* |to| *the station*

Il arrive ici **à** sept heures.　イラ r リーヴ イスィ ア セットゥー r ル
彼は7時にここに着きます。　＊ à sept heures = |at| *seven* (*o'clock*)

Je ne parle plus **à** Brigitte.　ジュ ヌ パ r ル ル プリュ ア ブ r リジットゥ
もうブリジットとは話さない（絶交だ）。　＊ parler à ＋人 = *speak* |to| ＋人

前置詞 de

On parle **d'**amour.　オン パ r ル ル ダムー r ル
人々は愛について語っている。　＊ parler de ＋主題 = *speak* |of (about)| ＋主題

C'est un **de** mes amis.　セッタン ドゥ メザミ
彼は（この人は）僕の友人の1人です。　＊ un de mes amis = *a friend* |of| *mine*

Il travaille **de** six heures à onze heures.
イル ト r ラヴァイユ ドゥ スィズー r ル ア オンズー r ル
彼は6時から11時まで働いている。　＊ de A à B で、英語 |from| A |to| B に相当

▶ Il vient **de** France.　イル ヴィヤン ドゥ フ r ランス
彼はフランスから来ている（フランスの出身である）。

＊ venir de France = *come* |from| *France*

＊ la France の定冠詞（女性単数形）は、例のような "venir de ＋国名（女性）" のときや "arriver de ＋国名（女性）"「～から到着する」の後は省かれます。

生徒♥ Paris を Japon に置き換えて、Il vient de Japon. とはならない……のですか？

先生♠ ええ、そうじゃないんです。前置詞を de ではなく、du とします。したがって、Il vient du Japon.「彼は日本から来ています（日本の出身です）」となります。

前置詞 à, de に続いて、定冠詞 le, les をともなう名詞が来ると「冠詞の"縮約"」が起こるからです。

生徒♥ しゅくやく？？

先生♠ 右ページの表のように形が変わるのです。

「カフェオレ」（ミルクの入ったコーヒー）café au lait の "au" がこの縮約です。つまり、café à le lait とは言わないのです。ただし、定冠詞の la、l' については à や de とひとまとめにせずそのままで、縮約はされません。

生徒♥ 先生、これ慣れないと難しいですね。それに何だか、他の形と混同しそうな……そんな気がします。

混同しないで！

先生♠ たしかに、同じつづりの別の単語と混同しかねない。では、その点を確認しておくことにしましょう。

前置詞 à, de と定冠詞の縮約

×	×
à + le　→　**au**　オ	de + le　→　**du**　デュ
×	×
à + les　→　**aux**　オ	de + les　→　**des**　デ

Elle va **aux** Etats-Unis.　エル ヴァ オゼタズニ

彼女はアメリカに行く。

＊ les Etats-Unis［レ ゼタズニ］「アメリカ合衆国」が、前置詞 à と共に使われれば、aller aux Etats-Unis となる。リエゾンされるため、音のつながり（読み）にも注意。

Vous venez **du** Canada ?　ヴ ヴネ デュ カナダ

カナダのご出身ですか？

＊英語では *Do you come from Canada?* となる文例ですが、（×）de le Canada → （○）du Canada と冠詞が縮約されます。

Voici les photos **des** enfants.　ヴォワスィ レ フォト デザンファン

ここに子供たちの写真があります。

＊ les photos de + les enfants（英語にそのまま無理に置けば *the photos of the children* となる形）で、de と les が縮約され des となります。

縮約されない例

à la monde　ア ラ モード　流行している

＊日本では「プリン・"ア・ラ・モード"」の名でつとに知られる à la mode だが、フランスにこんなプリンは存在しない。

aller **à l'**hôtel　アレ ア ロテル　ホテルに（へ）行く

＊この読みには注意！

もう一度、例を使って、縮約を見直しておきます。次のような例では、その現象が起こります。

> Il habite au Japon.　イラビットゥ オ ジャポン
>
> 彼は日本に住んでいる。
>
> ＊この文章は英語の He lives in Japan. に相当する文ですが、フランス語には国名にも男女の別がありました。そして、「日本」は男性名詞です。そこで、「日本に」と表現する際に、もし冠詞の縮約という現象がなければ"à + le Japon"となりますね（「日本」は唯一無二の名詞ですから定冠詞を使います）。しかし、〈前置詞 à ＋定冠詞 le〉は au となるのがルール。ですから au Japon と縮約されます。

先生♠　ただ、すでにお気づきのように du, des は部分冠詞（男性形）や不定冠詞（複数形）とまったく同じ形です。これを混同しないでください。

生徒♥　同じつづりになるなんて、まぎらわしい！

先生♠　まぁまぁ、そう言わずに。CD を聞きながら、耳にもしっかりとこの約束をなじませてください。

名詞編04の復習は「練習問題で総まとめ」（☞ p. ⑩）で！

はじめて本書でフランス語を学習する方は
動詞編 10（☞ p.104）へ

部分冠詞と縮約を比べてみよう

Ⓐ 部分冠詞

du café　デュ キャフェ

コーヒー

→ **du** は「量」を表す部分冠詞。

Ⓑ 不定冠詞（複数形）の縮約

le plat du jour　ル プラ デュ ジュー r ル

（レストランの）本日のお勧め料理

→「その日の料理」"de + le jour"（英語の of the day）が **du** jour となった縮約。

Je prends［ジュ プ r ラン］「私は～を飲む（食べる）」に上記の例をあてはめれば、こんな例が作れます。

Ⓐ Je prends **du** café.　　　　コーヒーを飲む。

Ⓑ Je prends le plat **du** jour.　本日のお勧め料理を食べる。

縮約ってフランス語だけ？

縮約は、ドイツ語にもスペイン語にもイタリア語にもあります。とくにイタリア語は、縮約がものすごく発達しています。また、ポルトガル語では定冠詞だけでなく不定冠詞にもこの現象が起こります。それに比べたら、フランス語はかわいいものです。

名詞編

Boussole pour apprendre le français ★★★

05 「私は」でも「私を」でもない「私」

人称代名詞強勢形

「私は」でも「私を」でもない「私」

先生♠ フランス語には「人称代名詞強勢形」(「自立形」という名称を使う人もいます) と呼ばれるものがあります。

生徒♥ それなんですか？ 長ったらしい、ネーミングですね。

先生♠ たしかに。膠着語（ニカワで語を貼付ける）とされる日本語では、その気になれば、単語に単語をどんどん貼つけられますから、"東京日比谷公園高校生殴打事件捜査本部"といったようなことが、文法用語でも発生いたします。

生徒♥ ？？？

先生♠ すみません、話が飛びました。言いたいのは、日本語では勢い、頭の痛くなる名称が出てきて、文法嫌いが量産されがちだということ。でも、それしきで腰が引けるのはもったいない。専門用語はそれに通じれば、効率的にその先へと自身を導けるありがたい道標ですから。

さて、強勢形なるものを、英語とからめて考えてみましょう。「彼のた

めに」なら *for him* ですね、では「私と一緒に」はどうなりますか？

生徒♥　*with me* です。

先生♠　では、フランス語では？

生徒♥　*with* は avec ですから……、avec je、これって変ですか？

先生♠　正解は avec moi［アヴェック モワ］と言います。この moi が、人称代名詞"強勢形"と呼ばれるものです。動詞から切り離され、独立して使われる代名詞。「私は」でも「私を」でもない、あえて言えば「私」という観念を表すために用いられる形と言えましょうか。下記の一覧を見てください。

人称代名詞強勢形

主語		強勢形	
je (j')	私	**moi**	モワ
tu	君	**toi**	トワ
il	彼	**lui**	リュイ
elle	彼女	**elle**	エル
nous	彼ら	**nous**	ヌ
vous	あなた、あなたたち	**vous**	ヴ
ils	彼ら	**eux**	ウー
elles	彼女ら	**elles**	エル

生徒♥　半分は、主語の形と同じで、変りませんね。

先生♠　そうですね。ちょうど半数は同じで、半数が違う形です。この強勢形は用法が決まっています。主に、下記の4つです。

　たとえば、数名の人がいて、順に自分の職業について語っている。そんな場面で、やがて自分の番がくる。そんなときに、「ぼく（ですか）、ぼくは……」という感じで。

　あるいは、周囲が賛同の意を示しているときに。「"自分は"賛同できません」と意志表示をするようなとき。

＊(1) **主語（あるいは目的語）を強調する際に。**

　英語の"前置詞＋目的格（人称代名詞）"、これをフランス語にすると"前置詞＋強勢形（人称代名詞）"で。

＊(2) **前置詞のあとで。**

　英語圏にいて、ドア越しに、*Who is it?*「どなたですか」と問われたとき、「私です」と応じるなら、どう返事をするか。これ意外に難問。"*It's me.*"か"*It's I.*"とするか。文法的には前者が正しいように思えますが、実際には後者を使う人が大勢いる。でも、フランス語圏ではぶれがない。強勢形で応じます。

＊(3) **C'est, Ce sont の後で。**

強勢形を用いるケース

(1) 主語（あるいは目的語）を強調する際に

Moi, je suis professeur.　モワ ジュスィ プロフェスーrル

私は、教師です。

Moi, je ne suis pas d'accord.　モワ ジュ ヌ スィ パ ダコーrル

私は、賛成ではありません。

* être d'accord (avec〜) で「(〜に) 賛成する (同意見である)」の意味。なお、D'accord![ダコーrル] だけなら、OK（わかった）！ という意味の返答として頻出。

(2) 前置詞のあとで

Je déjeune presque toujours avec **lui**.

ジュ デジューヌ プレスク トゥジューrル アヴェック ルイ

私はたいてい彼とお昼を食べます。

* déjeuner [デジュネ] は「昼食を食べる」という動詞。toujours [トゥジューrル] は「いつも、相変わらず」（英語の *always* に相当）を意味する、頻度を表す副詞。presque toujours [プレスク トゥジューrル] とすると「ほとんどいつも、たいてい」の意味になる。

Venez chez **moi**!　ヴネ シェ モワ

我が家においでください。

* chez は「〜の家で (へ)」（英語にすれば *at the house of* に相当する）という意味で使われる特有の前置詞。

(3) c'est, ce sont のあとで

— Qui est-ce?　キエス

どなた？

— C'est **moi**.　セ モワ

私です。

もうひとつ。これまた英語の例で恐縮ですが、「彼女は彼よりずっと背が高い」という作文は、*She is much taller than he.* でしょうか、それとも *than him* でしょうか。

生徒♥　さて…？

先生♠　これは両方が可能です（その意味で文法にぶれがあります）。しかし、フランス語はぶれなしに、強勢形でまいります。

＊(4) 比較の que のうしろで。

形容詞・副詞編20、名詞編05の復習は「練習問題で総まとめ」（☞ p.⑭）で！

はじめて本書でフランス語を学習する方は
動詞編 14（☞ p.126）へ

強勢形を用いるケース（続き）

(4) 比較の que のうしろで

Elle est beaucoup plus grande que toi.

エレ ボクー プリュ グrラーンドゥックトワ

彼女は君よりもずっと背が高い。

＊この beaucoup［ボクー］は形容詞や副詞の比較級を強調する語。英語なら、*much taller* に相当する言いまわし。

動詞編

Boussole pour apprendre le français ★★★

06 動詞は複雑ではない！まずはイロハのイから

　動詞は"複雑だ""説明が無味乾燥だ"、とお叱りを受けかねない項目で、ややもすると重たくなり、フランス語嫌いを、わさわさと量産しかねない危ない箇所です。ちなみに、大正時代に刊行された『佛語・変化動詞便覧』（佛語研究会）という本の序文には、のっけから「誠に初学の教え子に向つて（フランス語の）『座る』と云ふ動詞の有ゆる変化を記憶せよと命じたならば、彼は恐らく翌日から其姿を見せぬであらう」と記しています。動詞の変化の多様さに、みな怖じ気づくというわけです。

　その怖じ気をどうすれば減らせるか、きちんと考えながら話を進めましょう。まずは、基本の確認から。

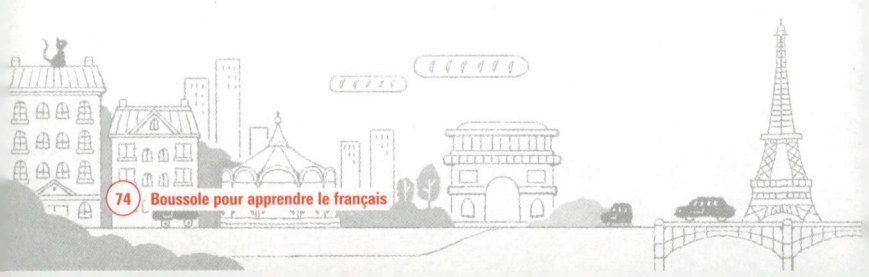

動詞って？　活用って？

生徒♥　そもそも「動詞」って何ですか？

先生♠　主語というのは「誰かが」(あるいは「何かが」)を表す言葉です。たとえば、「私が(私は)」「この本が(この本は)」といった語ですね。ただし、それだけでは文章にはなりません。主語が「何かをする」。そうなってはじめて、文になります。この「何かをする」という動作を表す言葉(あるいは「何かである」という状態を表すもの)が「動詞」です。

　フランス語では、英語と同じく、通常、〈主語(S)＋動詞(V)〉の順に並べて用います。そして、その"動作を表す言葉＝動詞"は「活用」されるわけです。

生徒♥　「活用」ですか？

先生♠　そうです。通常、動詞は、辞書に載っている形(これを、不定詞、不定法、あるいは infinitif[アンフィニティフ]と言います)のままでは使えません。たとえば「踊る」danser[ダンセ]という不定詞を用いて「私は"踊る／踊っている"(danser)」という文章をつくりたいなら、Je danser. と単純にそのまま並べるのはダメ。Je danse.[ジュ ダンス]と、形を変えなければなりません。**主語に応じて動詞のつづりと、音が変化します。これが活用です。**

生徒♥ この単語が動詞の不定詞（infinitif）だと、どうやって見抜けますか？ たとえば英語の *love* なら「動詞」でもありますが「名詞」でもあるわけですよね。*I love you.* の *love*（動詞）と、*Love is over.* の *love*（名詞）はつづりは同じですが、品詞はちがいます。

先生♠ フランス語は -er, -ir, -re, -oir の4つのつづりで終わる語が動詞です（ただし、慌てて一言。逆は真ならずであります。たとえば、パリの学生街「カルチエ・ラタン」le Quartier latin や「こんばんは」Bonsoir! など、もちろん動詞ではありません！）。

少しうるさい説明になりますが、そのうちの、-er の大半は"第1群規則動詞"と呼ばれるもの、-ir の多くは"第2群規則動詞"、そして -er のほんの一部、-ir の一部、それと -re, -oir のスペリングで終わる語が"第3群不規則動詞"という分類になります。詳細はあとで少しずつ触れていきます。

生徒♥ 先生！質問です。前のページの Je danse. という文章ですが、「私は踊る」とも「私は踊っている」とも訳せるのですか？

先生♠ そうです。フランス語は英語で言う「現在進行形」"be（is, am, are）＋〜ing" の形を持っていません。現在形が、現在進行形を兼ねています。ですから、たとえば、regarder la télé [r ルギャ r ル デ ラ テレ] という語を主語 je「私は」に対して活用してつくった文章は、次のように2通りの訳が可能です。

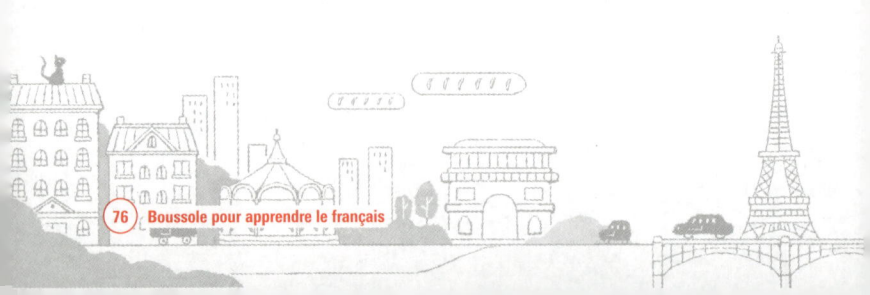

> Je regarde la télé. ジュrルギャrルドゥラテレ
> 私はテレビを見る／私はテレビを見ている

　これが長文のなかの1文であるなら、どちらの訳にするかは文脈で判断します。

生徒♥　その点、日本語は楽ですよね。「私は"踊る"」「あなたは"踊る"」「彼女は"踊る"」「彼らは"踊る"」、主語が変わっても、動詞は変化しませんから。

先生♠　たしかにそう感じますね。でも、それほど単純でしょうか？いま示された例ですが、さて、実際に使いますか？「あなたは踊る」なんて日本語は、いつ、どんな状況で使えますかね。それと、主語によって動詞の形が変化しないとの指摘ですが、日本語は主語を省いて「踊る」だけで十分意味が通じます。「踊る？」「うん、踊る」、これだけでわかるわけです。話の流れが、自然に主語を決めてくれます。ただし、見方を変えれば、"誰が「踊る」"のか、日本語を外国語として学ぶ人たちには大きな障害になります。「どうやって主語を判別しますか？」「なぜ、このケースでは主語を"あなたがた"と解釈できないのですか？」などなど、日本語を教えてみますと、外国人から次々に問いかけられます。

　つまり、言葉の難易は簡単には決められません！

2つの重要動詞／être & avoir（直説法現在）

先生♠ 学習の効率を考えにいれて、être［エートゥｒル］と avoir［アヴォワーｒル］からスタートします。英語の *be* 動詞・*have* 動詞に相当する最重要語です。先に触れましたが、主語によってこの動詞の形は変ります。この変化が「活用」です。

生徒♥ たとえば、英語の *be* 動詞が、*I am, you are, he is, she is* …と変化することですね。

先生♠ その通りです。となりの一覧を見てください。2つの動詞の現在形（正しくは直説法現在と呼ばれる）の活用です。

覚えてください！

先生♠ では、この動詞を用いた典型的な例文を見てみましょう。

生徒♥ ちょっと待った！　形が、こんなに変化するのですか……。

先生♠ はい。英語で、*be* 動詞の活用をせずに、勝手に、*I be, you be* などとすることはできません。また *he have, she have* は間違い。3人称単数なら *has* でした。それと同じことです。

　主語と動詞の活用は、抵抗なく、読めて、書けて、意味が分からないとフランス語は、ここで、ドッカ〜〜ン!!

生徒♥ おっしゃることはわかりますが、でも、なんだか形がぐちゃぐちゃなように感じます。

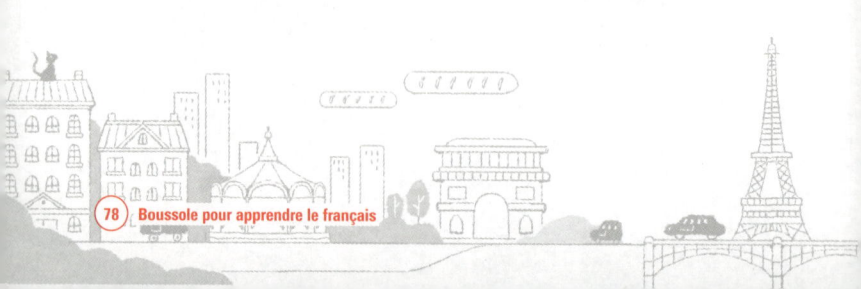

être [エートゥル]「〜である；いる、ある」の直説法現在の活用

*英語の be 動詞に相当する

je **suis**	ジュ スュィ	nous **sommes**	ヌ ソム
tu **es**	テュ エ	vous **êtes**	ヴゼットゥ
il **est**	イ レ	ils **sont**	イル ソン
elle **est**	エ レ	elles **sont**	エル ソン
on **est**	オ ネ		

◆ avoir [アヴォワーrル]「〜を持つ」の直説法現在の活用

*英語の have 動詞に相当する

j' **ai**	ジェ	nous **avons**	ヌザヴォン
tu **as**	テュ ア	vous **avez**	ヴザヴェ
il **a**	イ ラ	ils **ont**	イルゾン
elle **a**	エ ラ	elles **ont**	エルゾン
on **a**	オ ナ		

＊3人称単数 il / elle ならびに on、それと 3 人称複数の ils / elles の活用は常に同形になりますから、今後は、elle, on ならびに elles の活用形は逐一記しません。

先生♠ ぐちゃぐちゃというわけではないですが、なるほど、初めて見ると戸惑うかもしれませんね。では、ちょこっと説明を加えましょう。

動詞 être は「存在する、ある、いる」を意味する動詞で、言うならば"動詞の王様"といった立場にあります。この複雑そうな活用には、ラテン語とギリシア語が影響を及ぼしているようです。〈e〉の文字ではじまるもの（tu es, il est, vous êtes）と〈s〉ではじまるもの（je suis, nous sommes, ils sont）とが混在しているのはそんな関係からだと言われます。でも、avoir は最後の ils ont, elles ont をのぞけば、全部、a で始まりますよね。

生徒♥ 言われてみれば、そうですが……。ただ、先生は、覚えているからいいでしょうけど、ボクらはこれから覚えないといけないわけだし……。

先生♠ はい。そう言われると思って、この本には CD がついています。まずはつづりを意識せずに、音になじんでください。［ジュスィ］［テュエ］と音声で覚えていきます。それから、手で書いて、スペリングを覚える。たとえば英語の *I am* を、これは be 動詞の活用形で、その意味は「私は〜です」と逐一、立ち止まって確認するのでは、学習は先に進みませんよね。それに万一、これをパスするというのなら、残念ですが、フランス語学習はここでおしまいです。

生徒♥ いや、そこまでは言いませんが……。

先生♠ 大昔、めちゃくちゃな発音で、本の情報（中身）だけが拾え

ればそれでよしとするという、極端な学習法がありました。でも、現在ではそれが意味を持たないことは言うまでもないですね。

19世紀の後半、発音を無視して、訓読・講読を中心にし、書かれている英語の内容がわかればそれでいいという学習法がありました（たとえば *Come here.* を［コメ・ヘレ］）。漢語の返り点、レ点のように、訳す順番に番号を振り、*Do you see the man in the boat?* を「汝は舟において人を見なせしか」と訳していました。これを「変則英語」と言います。

荒療治？

　動詞の活用をしっかり身につける、それがフランス語の上達を大きく左右する。これは万人がみな認めるところです。かつて旧制の高校生は、人より速く上達したいと思い相当に無茶なフランス語独習をしたそうです。
「ある日、朝から晩までやりつづけて、ついには動詞変化表１冊をすこしも間違えずに全部暗誦できるまでになった（当時の一高の寮では『フランス語の動詞変化は１日で覚えるものだ』という伝承があり、わたしはそれをまじめに受けとめたのだ）」。
　ざっと80数種の動詞活用を、すべての時制にわたり"１日で覚える"とは恐れ入ります。若さ故のなせる技か、そもそもの才能なのでしょうか。ちなみに、この"わたし"とは、M・デュラスの翻訳などで知られる清水徹さんです。

生徒♥　ただ、この先もずっと、動詞はみんなこんな具合に変化するのでしょうか？

先生♠　いいえ、こんな"七変化"（実際には6つの変化）をする動詞は、他にはありません。最初に大切な動詞（ただし、活用がちょこっと面倒な動詞）を覚えてしまう。これ、この先を進めるのに大事なポイント。聴覚に訴え、視覚に訴え、音もスペリングも記憶に定着！！！これです。

生徒♥　了解！

> もし活用をきちんと覚えてない方は、前に戻ってCDを聞いて!!
> ここ、駆け足・厳禁！

その織りなす世界 ／ être を用いた例文

先生♠　では、動詞活用になんとかなじんだところで、être と avoir を使った文例をいくつか見てみましょう。まずは、動詞 être を用いた例。右のように大きく分けて2つのパターンがあります。

生徒♥　できれば、既習の英語と見比べる形で、もう少し例をあげてもらえませんか。と言うのは「私は学生です」っていう文章ですが、男・女の別だけでなく、英語とはちょっと違うような気がします。

先生♠　わかりました、では次のページ（pp.84-85）に英語とフランス語の例を対照しながら書いてみることにしましょう。和訳はなしでいけますね。

生徒♥　ええ、だいじょうぶです。

être を用いた文章の例

(1) S（主語）は…である ：恒久的な状態に使います。

国籍

Je suis japonais(e).　ジュ スュイ ジャポネ(ネーズ)

私は日本人です。　＊CDでは録音の部分でどちらも女性が読んでいます。しかし本来は、話者が男性ならjaponais、女性ならjaponaiseです。

職業

Je suis étudiant(e).　ジュ スュイ エテュディアン(トゥ)

私は学生です。　＊同じく、話者が男性ならétudiant、女性ならétudianteです。

形容詞を導く

Il est grand.　イレ グr ラン

彼は背が高い。　＊形容詞についてはこの後で説明（☞ p.130）。

(2) S（主語）は…にいる（ある）：一時的な状況を説明します。

> ここリエゾン！

Il est à Nantes.　イレタ ナントゥ

彼はナントにいます。
＊"à＋都市名"で「〜に」（英語なら *in Nantes*）

Elles sont dans le jardin.　エル ソン ダン ル ジャr ルダン

彼女たちは庭にいます。
＊"dans＋場所"で「〜に（の中に）」（英語なら *in the garden*）

フランス語　　　　　　　　　　　英語
Elle est professeur.　　*She is a teacher.*

エレ プrロフェッスーrル

＊フランス語では être のうしろに「職業」「国籍」「身分」を表す語がくると、冠詞なし（無冠詞）になるのが通例。

Il est japonais.　　*He is Japanese.*

イレ ジャポネ

＊Il est Japonais. と「日本人」を大文字で書いてもよいが、être のあとに置くケースなら、現在は小文字で書くケースの方が多い。

フランス語　　　　　　　　　英語

On est à Londres.　　*We are in London.*

オネタ ロンドゥr ル　←オネアとリエゾンしない形も可。

＊首都名が英仏でスペリングが違いますね。ただ、フランスの首都を英語で Paris［パリス］と発音することから、いわば"おあいこ"でしょう。

（追記）フランス語を学習するときに、英語は有害であるという考えの先生もいます。でも、既習の外国語をうまく活用することは、学習効率の点からも、言葉の複眼を育てるという意味からも有効な手段だと考え、本書はこれを採用しています。

Il est malade.　　　　*He is sick（ill）.*

イレ マラッドゥ

＊malade は「病気の」という形容詞です。

動詞編　85

その織りなす世界 ／ avoir を用いた例文

先生♠ 引き続き、avoir を用いた例文です。英語の *have* と同じく、「所有」のニュアンスを軸に、年齢を表現するときに、あるいは成句表現などで多様に用いられます。用例を見てください。

生徒♥ 最後の成句表現を、英語の例と比べる形で、もう少し例をあげてください。そうすれば表現力に幅が出ますから。

先生♠ わかりました、être と同じように、英仏を対照しながらイラストをそえてチェックしてみることにしましょう（☞ pp.88-89）。和訳は省きます。

avoir を用いた文章の例

(1) 所有のニュアンス（対象はモノでも人でもかまわない）

J'ai un dictionnaire. 　　ジェ アン ディクスィヨネー r ル

辞書を持っています。

J'ai des amis à Grenoble. 　　ジェ デザミ ア グ r ルノーブル

グルノーブルに友人がいます。

＊上記の例は「私はグルノーブルに何人か友人を持っている」が直訳です。ただ、des amis「友人」はたしかに複数「何人かの友人」ですが、日本語ではこれをことさらには言い表しません。

(2) 年齢

J'ai dix-neuf ans. 　　ジェ ディズヌヴァン

19歳です。

＊年齢を表現する際に、英語は *be* 動詞を使いますが、フランス語では avoir を用います。これご注意（英語圏の人が Je suis ... として「年齢」を表すミスは極めて多い）！　フランス語では、年齢を所有しているものと考えるわけです。

(3) 成句表現

J'ai froid（chaud）. 　　ジェ フ r ロワ（ショ）

私は寒い（暑い）。

＊"avoir ＋無冠詞名詞"の展開で多様な成句を作ります。

フランス語

Nous avons faim.　　*We are hungry.*

ヌザヴォン ファン

Vous avez sommeil ?　*Do you feel sleepy?*

ウザヴェ ソメイユ

英語

*「空腹である」と表現するとき、英語では be hungry、フランス語では "avoir ＋無冠詞名詞" avoir faim という成句で、同じく、「眠い」*feel sleepy* という言いまわしを avoir sommeil と表現します。

冠詞の省略

　上記の成句（動詞句と呼ばれます）は冠詞が省かれています。faim、sommeil それに mal はみな名詞なのですが、いわゆる成句表現では冠詞を必要としないケースがままあります。繰返し使われ、記憶され、伝えられるには簡潔さが求められ、結果、冠詞がなくなったのです。

フランス語　　　　　　　　　　英語
J'ai mal à la tête.　*I have a headache.*

ジェ マララ テットゥ

*"avoir mal à＋身体（定冠詞を添えて）"で「～が痛い」という定番の言い方。

名詞編03、動詞編06の復習は「練習問題で総まとめ」
(☞ p. ④) で！

はじめて本書でフランス語を学習する方は
その他編 21 (☞ p.156) へ

動詞編 89

動詞編

Boussole pour apprendre le français ★★★

07 規則動詞を学んで フランス語を操る！
第 1 群規則動詞

90%の動詞を操る魔法

先生♠　当然のことですが、フランス語の動詞の数は、辞書の大きさによって収録されている語数が違います。中型の辞典ならだいたい 3000〜4000 語程でしょうか。ただ、言語は生き死にがありますから（日々、新しい語が増え☞ p.240、一方で消えてもいきます）、語数を厳密には数えられません。

　でも、すでに学習した être［エートｒル］、avoir［アヴォワーｒル］以外の動詞活用について、一気に丸ごと覚えられる手だてがあります。数千語の活用に一発で通じる秘技です。

生徒♥　ははぁ、ぜひ、御教示をお願いします。

先生♠　了解です。下記の「第 1 群規則動詞の直説法現在の活用」を覚えることです。これ、難しくありません！　右ページを見てください。

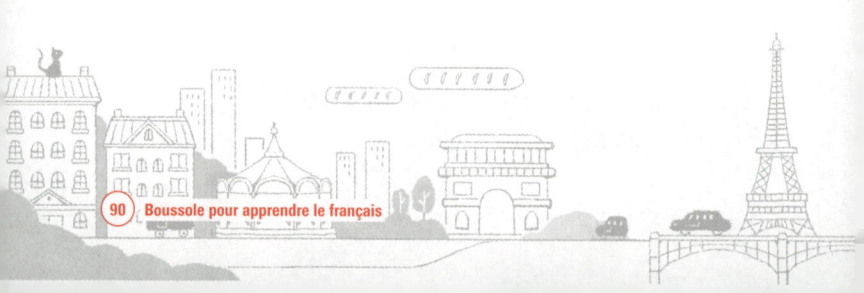

動詞の原形 (infinitif [アンフィニティフ]) のこと

用語の説明ですが、"**不定詞の語尾の形が共通 (-er)**" であることから、**第 1 群規則動詞**は "ウーエーrル (er) 動詞" とも呼ばれます。

＊eとrのアルファベ読み！

フランス語の動詞のほぼ 9 割がこの規則動詞に分類されますので、いっぺんに数千の動詞が動かせる、魔法ということです。

◆活用の原則

語幹をキープしながら主語に応じて語尾を変える！

語幹
— **er** → この箇所（語尾）が主語に応じて変化！
＊er は [エ] と発音

je (j')	**—e**	＊e を発音しない
tu	**—es**	＊es を発音しない
il	**—e**	＊e を発音しない

ただし、その前の子音に [ゥ] を添える感覚。

nous	**—ons**	＊ons [オン]
vous	**—ez**	＊ez [エ]
ils	**—ent**	＊ent を発音しない　ただし、その前の子音に [ゥ] を添える感覚。

parler と aimer という動詞を例に活用を見てみましょう。

次のページ

◆話す parler ［パrルレ］　　語尾のつづりと発音に注目

parl（語幹）＋ **er**（語尾）

＊不定詞の -er は［エ］と読む。その前の子音字〈l〉+〈er〉で［レ］となる

> フランス語の現在は英語の現在進行形（be +〜ing）を含んでいます。
> ですから、上記の例文は「話す」とも「話している」とも訳せます。

je	parl**e**	ジュ パrルル	私は話す（話している）
tu	parl**es**	テュ パrルル	君は話す（話している）
il	parl**e**	イル パrルル	彼は話す（話している）

＊上記、parle も parles も複数の parlent も同じ発音。

nous	parl**ons**	ヌ パrルロン	私たちは話す（話している）
vous	parl**ez**	ヴ パrルレ	あなた（たち）は話す（話している）
ils	parl**ent**	イル パrルル	彼らは話す（話している）。

＊il parle の単数と発音は同じ。ここだけを耳で聞いたのでは単数か複数かはわからない。

例文　Ils parlent bien français.　イル パrルル ビヤン フrランセ
彼らは上手にフランスを話す（話している）。

（注意）3 人称複数の活用語尾〈-ent〉は読まれない。
ただし、名詞や副詞、形容詞の -ent は［アン］と読まれる！

例　le bâtiment　　［ル バティマン］　　建物、ビル
　　certainement　［セrルテヌマン］　　確かに

◆愛する aimer ［エメ］

語尾のつづりと発音に注目

aim（語幹）＋ **er**（語尾）

＊その前の子音字〈m〉+〈er〉で［メ］となる

j'	aim**e**	ジェーム	＊この動詞は母音ではじまる、je aime（×）なんて書いちゃ駄目！
tu	aim**es**	テュ エーム	
il	aim**e**	イレーム	＊［イル エーム］ではない、音をつないで！
nous	aim**ons**	ヌゼモン	＊以下主語〈-s〉と ai- をつないで［ゼ］と読む。
vous	aim**ez**	ヴゼメ	
ils	aim**ent**	イルゼーム	

＊aimer は母音で始まる語なので、人称代名詞とのアンシェヌマン、リエゾンによる発音の変化に注意したい。CD を聞いてください!!

例文　Vous aimez le café ?　ヴゼメ ル キャフェ

あなたはコーヒーが好きですか？

＊疑問文は文尾のイントネーションをあげて読みます。

頻度の高い -er 動詞

生徒♥ 英語なら3人称単数（現在）にsがつくといった程度で、こんなに複雑じゃないですよね。

先生♠ たしかに、動詞の活用については英語はシンプルです。ただ、ほかの西欧語はみな活用が生命線です。それとはじめての方は、ともあれ**語尾の活用形の変化と発音の変化に注目**してください。ここでつまずかなければ読みの流れが一気によくなりますから。

生徒♥ 相当数の動詞が"-er 動詞"（第1群規則動詞）ということですよね。

先生♠ そうです。何千とありますよ。

生徒♥ でも、漠然と、何千と言われただけでは、今ひとつこの動詞活用の重要性が伝わらないというか……。

先生♠ ふむ。わかりました。日常の頻度を考量して、いくつか -er 動詞の例を並べてみておきましょう。

動詞編07の復習は「練習問題で総まとめ」（☞ p.⑦）で！

はじめて本書でフランス語を学習する方は
 その他編 22（☞ p.168）へ

-er 動詞（第1群規則動詞）の例

住む **habiter** アビテ

J'habit**e** à Marseille.　ジャビットゥ ア マrルセイユ

私はマルセイユに住んでいます。→ habiter の h は発音されませんから、この動詞は母音字ではじまっていることになり、(×) je habite とはなりません。"à ＋都市名"で「〜に」「〜へ」の意味。

歩く **marcher** マrルシェ

Tu march**es** très vite.　テュ マrルシュ トrレ ヴィットゥ

君はとても速く歩く。→ vite は「速く」、très はその副詞を強調する語。

働く、勉強する **travailler** トrラヴァイエ

Il travaill**e** dans un restaurant.　イル トrラヴァイユ ダンザン rレストrラン

彼はレストランで働いている。→"dans ＋場所"で「〜のなかに（で）」。英語なら *He works*（*He is working*）*in the restaurant.* です。

歌う **chanter** シャンテ

Nous chant**ons** bien.　ヌ シャントン ビヤン

私たちは歌がうまい。→ bien は「上手に」。très bien なら「とても上手に」。

食べる **manger** マンジェ

Vous mang**ez** du fromage ?　ヴ マンジェ デュ フrロマージュ

あなたはチーズを食べますか？→ manger は nous の活用形が特殊（☞ p.213）。manger du fromage は「（ある分量の）チーズを食べる」わけですから部分冠詞になります。

動詞編

Boussole pour apprendre le français ★★★

08 重要な動詞 aller

「行く」と近接未来

先生♠ これまで本書で扱った動詞を覚えていますか。

生徒♥ être と avoir、それに -er 動詞（第 1 群規則動詞）です。

先生♠ そうです。今回は新たに 2 つの動詞を加えます。動詞の数が増えれば、それに伴って表現力が確実にアップしますから。

　まずは、英語の *go*「行く」に相当する aller［アレ］です。動詞の原形（不定詞、不定法、infinitif と呼ばれる。辞書に載っている形）は -er で終わっていますが、活用は不規則です。右のように形が変わります。

生徒♥ つづりが、みなバラバラですね。ついつい、語末の子音を読みそうになります。

先生♠ それを避けるには目ではなく耳です。CD を聞いて、活用を一気に覚えてしまいましょう。よろしいですね。では、用例を 3 つみていきます。まず、右ページの(1)と(2)です。

aller [アレ] の活用

je **vais** ジュ ヴェ	nous **allons** ヌザロン
tu **vas** テュ ヴァ	vous **allez** ヴザレ
il **va** イル ヴァ	ils **vont** イル ヴォン

aller の用例

(1) "行く"

Je **vais** à l'école.　ジュ ヴェ ア レコール / ジュ ヴェ ザレコール

私は学校に行く（通う）。　*リエゾンしてもしなくてもよい。

*英語ならば、*go to school*「学校（授業）に行く」ですが、フランス語では aller à l'école と定冠詞 l' が必要です。

Vous **allez** à Lyon en voiture?　ヴザレ ア リヨン アン ヴォワテューrル

あなたは車でリヨンに行くのですか？

*"aller à ＋都市名"で「～に行く」の意味。"en ＋乗物"で「～で（に乗って）」の意味（例 en taxi [アン タクスィ]「タクシーで」）。

(2) 定番の挨拶で　*[コマンタレ…]とリエゾンします。comment がうしろと音がつながるのはこの挨拶だけです。

- Comment **allez**-vous?　コマンタレ ヴ　お元気ですか？

- Je **vais** très bien.　ジュ ヴェ トrレ ビィヤン　とても元気です。

*英語の *-How are you? -Fine, thank you.* に相当する会話ですね。この aller は、健康状態が「～である」の意味で使われています。

*ただし、aller bien は、健康状態だけでなく、「(事が) 順調に運ぶ」という意味でも使われます。Mon travail va bien. [モン トr ラヴァィユ ヴァ ビヤン]は「私の仕事は順調です」という意味。

動詞編

右ページの(3)「近接未来」は大切な言いまわしです。

ただし、まったく同じ形 "aller（現在形の活用）＋不定詞" で「〜しに行く」という意味にもなりますので、ご注意ください。

> 同じ形をとる！

Je vais chercher mon ami à la gare.

ジュ ヴェ シェrルシェ モナミ ア ラ ガーrル

私は駅に友だちを迎えに行きます。

＊ "aller chercher ＋人＋ à la gare" で「人を駅に迎えに行く」の意味。

生徒♥ 最後の「近接未来（近い未来）」と「〜しに行く」は、なんだか難しそうな区別ですね。

先生♠ いいえ、そんなことはありません。

〈aller ＋不定詞（inf.）〉に関する注意

先生♠ 「近接未来」と「〜しに行く」の違いは、結局は文脈の相違ということになるのですが、実際にはどちらの訳か判然としないケースがあります。右の設問を考えてください。

生徒♥ ①は「近い未来」でしょうから、「私の息子はもうすぐ10歳です」。②は acheter「買う」で、du pain は部分冠詞を添えた「（ある分量の）パン」のことですから「私はパンを買いに行く」ですね。

aller の用例（続き）

(3)「(これから) 〜します」(近接未来)　＊「近い未来」とも言う。

▶ aller（現在形の活用）＋ 不定詞（inf.）

　＊不定詞とは動詞の原形のこと（辞書に載っている活用されていない形）。

Le train va arriver dans un instant.

ル ト r ラン ヴァ ア r リヴェ ダンザンナンスタン

列車がもうすぐ到着します。

　＊dans un instant「すぐに」「間もなく」を意味する熟語。

次の①②をどう訳しますか？

① Mon fils **va** avoir bientôt dix ans.

モンフィス ヴァ アヴォワー r ル ビヤント ディザン

＊mon fils「私の息子」/ bientôt「間もなく」/ dix ans　10歳

② Je **vais** acheter du pain.

ジュ ヴェ アシュテ デュ パン

＊acheter「買う」/ pain「パン」

先生♠ そうです。①に「〜しに行く」の訳をあてるのは無理ですね。そして②は、たとえば今現在、自宅にいて、これから外へ出て「パンを買いに行く」という事実を伝えるわけです。

でも、②を「これからパンを買ってきます」と近い未来を意識した和訳も可能ではありませんか。

生徒♥ はい、たしかに、そういう解釈もできそうです。

先生♠ つまり、こうしたケースならば「近接未来」と「〜しに行く」の訳に大きな差はないと言えそうです。いいかげんな説明だと叱られるかもしれませんが、実際には、「近接未来」と「〜しに行く」、訳語はどちらでもかまわないケースがあります。あくまで文脈ですから、そう神経質になる必要はありません。

それと "aller＋不定詞 (inf.)" が、2人称主語で使われたケースは注意が必要です。

生徒♥ 2人称ということは、tu や vous が主語のときですか？

先生♠ そうです。"Tu vas＋inf." あるいは "Vous allez＋inf." のケースです。では、もう一度、問題です。

> 設問 先ほど触れた **Je vais** acheter du pain. を、下記のように書き換えたら、さて、どう訳しますか？
>
> **Tu vas** acheter du pain.　テュ ヴァ アシュテ デュ パン

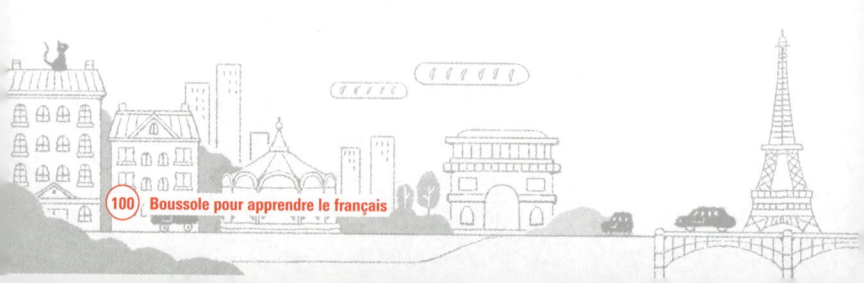

生徒♥ 「私は」ではなくて、「君はパンを買いに行く」あるいは「これから君はパンを買うところだ」……ん？ なんだか訳が妙な流れですね。

先生♠ 不自然ですよね。まるで相手の行動を、話し手が一方的に決めつけたような、催眠術師の文言のような、不思議な日本語になります。この違和感は、つまり、2人称主語に"aller＋不定詞"を用いると「(相手への軽い) 命令・忠告」のニュアンスが含まれるという理由からです。

したがって、左ページの設問には「パンを買いに行って」あるいは「パンを買ってきて」としないと、しっくりきませんね。

＊はじめて本書でフランス語を学習する方はこのまま先にお進みください。

動詞編

Boussole pour apprendre le français ★★★

09 重要な動詞 venir

「来る」と近接過去

先生♠ 次に venir［ヴニーｒル］「来る」（英語の *come*）を扱います。さっそく、活用と用法です。

venir にはもうひとつ、大切な言いまわしがあります。

右ページの形で、「〜したばかりです、〜したところです」と訳される「近接過去」の用法です。

ただし、"venir ＋不定詞" の形（前置詞 de がない形）ですと「〜しに来る」の意味になりますから、注意してください。

動詞編08、09の復習は「練習問題で総まとめ」
（☞ p.⑨）で！

はじめて本書でフランス語を学習する方は
名詞編 04（☞ p.62）へ

venir [ヴニーrル] の活用

je **viens** ジュ ヴィヤン		nous **venons** ヌ ヴノン	
tu **viens** テュ ヴィヤン		vous **venez** ヴ ヴネ	
il **vient** イル ヴィヤン		ils **viennent** イル ヴィエンヌ	

venir の用例

Tu **viens** de Bordeaux ?　テュ ヴィヤン ドゥ ボrルドー

君はボルドーから来てるの（ボルドーの出身なの）？

＊Bordeaux（地方）はワインの産地として有名。

Elles ne **viennent** pas ce soir.　エル ヌ ヴィエヌ パ ス ソワーrル

今晩、彼女たちは来ません。

近接過去

主語 ＋ venir（活用）＋ de（d'）＋ 不定詞（inf.）

Il **vient d'** arriver à Narita.　イル ヴィヤンダrリヴェ ア ナリタ

彼は成田に着いたところです。

＊「ちょうど」を意味する副詞 juste [ジュストゥ]（＊これを英語につられて「ジャスト」と読むなかれ！）を使って、「近接」の含みを強調すると Il vient juste d'arriver à Narita.「彼は"ちょうど"成田に着いたところです」となります。

◆ ～しに来る

Tu **viens** déjeuner chez moi ?　テュ ヴィヤン デジュネ シェ モワ

私の家に昼を食べに来ません？

＊chez moi「私の家に」という決まり文句です。

動詞編 103

動詞編

Boussole pour apprendre le français ★★★

10 ふたつの -ir 動詞

第2群規則動詞

先生♠ これまで、どんな動詞に触れてきたかご記憶ですか？

生徒♥ 英語の *be* 動詞、*have* 動詞に相当する être, avoir、それに -er 動詞（第1群規則動詞）、さらには aller と venir をやりました。

先生♠ その通り。活用は言えますね、書けますね、大丈夫ですよね。

今回は、新たに**第2群規則動詞（-ir 動詞）**について触れていきます。まぁ、初級レベルのテキストや例文でお目にかかるのは、finir［フィニーｒル］「終わる、終える」、choisir［ショワズィーｒル］「選ぶ」、obéir［オベイーｒル］「従う」それに réussir［ｒレユスィーｒル］「成功する」のおおむね4つですけど……。

生徒♥ 4つ、ですか？ 随分、効率が悪いですね。たしか、-er 動詞はこの活用を覚えれば一気に何千の活用を覚えるのと同じだって、力強くおっしゃってましたよね。

先生♠ たしかに効率という点からしたら、4つでは不足ですかね（☞ **Q&A p.240**）。でも、実際には応用力のある規則動詞です。

finir [フィニーrル] の活用　　語幹 語尾　fin + ir

je fin**is**　ジュ フィニ	nous fin**issons**　ヌ フィニソン
tu fin**is**　テュ フィニ	vous fin**issez**　ヴ フィニセ
il fin**it**　イル フィニ	ils fin**issent**　イル フィニス

＊この動詞の活用を説明するのに、以下の2つのアプローチが存在します。

(1) -ir を除いた語幹に、それぞれの人称にしたがって順に、-is, -is, -it, -issons, -issez, -issent の語尾〈イ・イ・イ・イソン・イセ・イス〉を添える。上記の太字の箇所。

(2) 単数の語幹は fini-（finir の語尾の r を取る）、複数の語幹は finiss-（"fini〈単数の語幹〉+ ss" の形）。それに -s, -s-, -t, -ons, -ez-, ent を添える。上記の下線部。

choisir [ショワズィーrル] の活用　　語幹 語尾　chois + ir

je chois**is**　ジュ ショワズィ	nous chois**issons**　ヌ ショワズィソン
tu chois**is**　テュ ショワズィ	vous chois**issez**　ヴ ショワズィセ
il chois**it**　イル ショワズィ	ils chois**issent**　イル ショワズィス

＊これを（×）je chois と簡略してしまう間違いはかなり見かけます。

choisir の活用など、つづりを書くときには注意がいります。なお、1単語で8文字を超えると一気に誤ったつづりになる確率が高くなります（仏検3級の過去問題の正答率を踏まえて）。そうそう、蛇足ですが anticonstitutionnellement という25文字の語は通常の辞書に載っている最もスペリングの長い単語。〈anti-「反」＋"constitution「憲法」＋ nelle（形容詞・語尾）"＋ ment（形容詞から副詞をつくり出す接尾辞）〉→「憲法に違反して」という合成語、読みは［アンティコンスティテュースィョネルマン］です。

おっと、脱線しました。例文を並べておきます。

規則動詞ではない -ir

先生♠ -ir のつづり字で終わる動詞活用はもう一種類、覚えておいてください。日常会話で頻度の高い、partir［パрルティーрル］「出発する」、sortir［ソрルティーрル］「外出する」、dormir［ドрルミーрル］「眠る」といった語の活用です（☞ **Q&A p.240**）。

生徒♥ 規則動詞ですか？

先生♠ いいえ、フランス語の規則動詞は全部で2つしかありません。"-er で終わる動詞の大半"（第1群規則動詞）と "-ir で終わる動詞の一部"（第2群規則動詞）。ほかは不規則動詞という扱いです。不定詞の語尾に注目すれば、こんな分類が成りたちます。

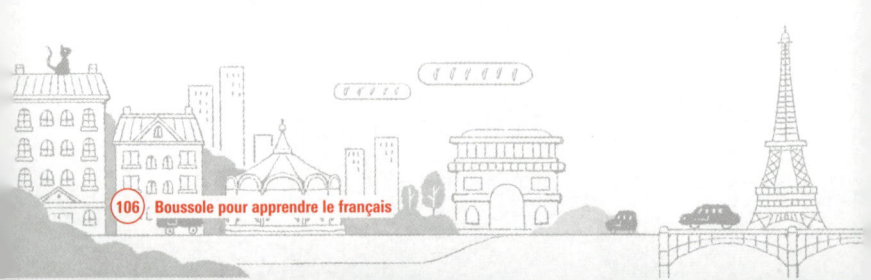

-ir 動詞の例

Je **finis** mon travail vers midi.　ジュ フィニ モン r ラヴァイユ ヴェー r ル ミディ

私は仕事をお昼頃には終えます。

Tu **choisis** ces chaussures ?　テュ ショワズィ セ ショスー r ル

君はこの靴（くつ）に決めたの？（←この靴を選ぶの？）

＊「靴」は英語の *shoes* や *boots* と同じく複数で。

Cet enfant n'**obéit** pas à ses parents.　セッタンファン ノベイ パ ア セ パ r ラン

この子は両親に従わない。

＊"obéir à ＋人"で「〜に従う」「〜の言うことをきく」の意味。英語の *obey* に相当するが、この動詞は"*obey* ＋人"の形で使われ前置詞をともなわない。

Elle **réussit** toujours ses examens.　エル r レユスィ トゥジュー r ル セゼグザマン

彼女はいつも試験にうまくいく。

＊この réussir は「（試験に）うまくいく」の意味。英語からの類推で passer un examen ［パセ アネグザマン］を「試験にパスする」と訳す人がいますが、これは「試験を受ける」という意味。混同しやすい。

動詞（不定詞）の語尾はこの４つ！

不定詞（語尾）

-er　　第１群規則動詞
-ir　　第２群規則動詞
-re　　　　　　　　　　　（第３群）不規則動詞
-oir

＊フランス語で、不定詞の語尾がこの４つ以外のつづりで終わる動詞はない（☞ p.76）。

先生♠　partir「出発する」を例に活用を見てみましょう。右のページを見てください。

生徒♥　第2群規則動詞に比べるとシンプルな感じですね。
先生♠　-issons、-issez、-issent といった長いつづりは出てきませんから。例文もひろっておきましょう。

　先に触れた（☞ p.81）、動詞活用をまとめて1日暗記するスパルタ方式は、さすがに今日的ではないでしょうが、まとめて動詞の活用を覚える、用例になじむという学習法は、それなりに意味があります。使える動詞の数が増えれば、それだけ表現の幅は広がりますから。
生徒♥　それと CD を聞くこと、ですよね。
先生♠　はい、おっしゃる通り。

動詞編10の復習は「練習問題で総まとめ」（☞ p.⑩）で！

はじめて本書でフランス語を学習する方は
　その他編 25（☞ p.184）へ

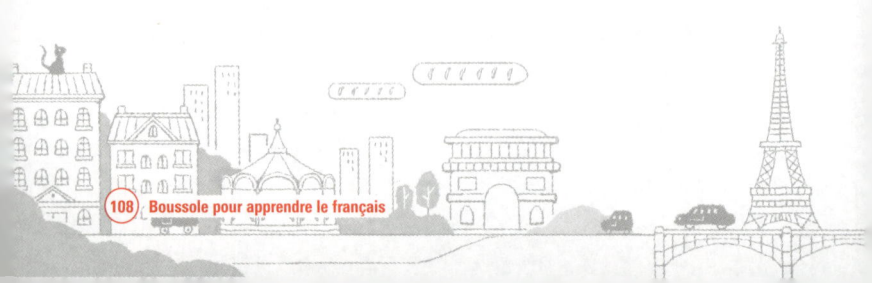

partir [パ r ルティー r ル] の活用

je **pars** ジュ パー r ル	nous **partons** ヌ パ r ルトン
tu **pars** テュ パー r ル	vous **partez** ヴ パ r ルテ
il **part** イル パー r ル	ils **partent** イル パ r ルトゥ

＊単数の語幹は頭3文字（par-：sortir なら sor-、dormir なら dor-）、複数の語幹は不定詞から -ir を除いた部分（part-：sortir なら sort-、dormir なら dorm-）。

partir の例文

Vous **partez** demain matin ?　ヴ パ r ルテ デゥマン マタン　（→ partir）

明朝出発しますか？

＊demain「明日」、matin「朝」。

Nous **sortons** toujours en voiture.　（→ sortir）

ヌ ソ r ルトン トゥジュー r ル アン ヴォワテュー r ル

私たちはいつも車で出かけます。

＊toujours は頻度を表す副詞。

Ils **dorment** bien.　イル ドー r ルム ビヤン　（→ dormir）

彼らはよく（ぐっすり）眠っている。

＊bien は副詞、英語の *well* にほぼ対応する語。

動詞編

Boussole pour apprendre le français ★★★

11 命令文

どんな形を使うのか

生徒♥ 命令文はどのようにつくりますか？

先生♠ 作り方を説明する前に、フランス語の命令文は、目の前にいる**相手 tu と vous に対する命令、それに nous に対する命令がある**ことに注意してください。つまり、親しい相手に「〜して」と言う場合、初対面の相手や年上、あるいは目の前の複数の人たちに対して「〜してください」と言うケース。それに自分を含めた nous に「〜しましょう」と語りかけるケースの３つのパターンがあるわけです。

生徒♥ nous「私たち」に対する命令というのは、英語の *Let's* に相当するものでしょうか？

先生♠ そうです。命令文をつくる際、英語では動詞の原形が使われますね。しかし、フランス語では右ページの説明のように、活用形を用いて命令文に仕立てます。

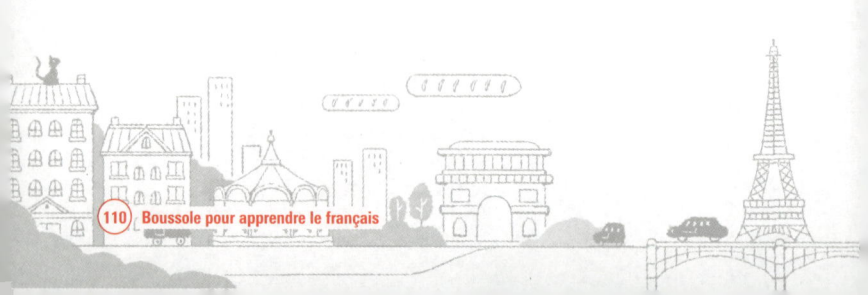

命令文（現在）の作り方

◎原則：直説法現在の tu, nous, vous の活用から主語を省いた形が通例．

chanter ［シャンテ］ 歌う

> ただしこの〈s〉は省く！

2人称	tu	chante s	→ **Chante!**	シャントゥ	歌って．
1人称	nous	chantons	→ **Chantons!**	シャントン	歌いましょう．
2人称	vous	chantez	→ **Chantez!**	シャンテ	歌ってください．

*語尾が -er と綴られる動詞や aller などは 2 人称単数形の語尾の〈s〉を省きます．ただし、すべての〈s〉を省くわけではありませんのでご注意あれ．

例 tu viens → Viens vite!　ヴィヤン ヴィットゥ　すぐに来て（来なさい）！

*英語の *please*「どうぞ」に相当する表現として、tu に対する命令には s'il te plaît ［スィルトゥプレ］、vous に対する命令には s'il vous plaît ［スィルヴプレ］を添えることが多い．

例 Parlez plus lentement, s'il vous plaît!　パrルレ プリュ ラントゥマン スィル ヴ プレ
どうぞ、もっとゆっくり話してください．

s'il vous plaît

英語の *please* とフランス語の s'il vous plaît は形が似てないように見えますが、実は同じものです．

please の元の形、*if it please you* と比べれば以下のように対応しています．

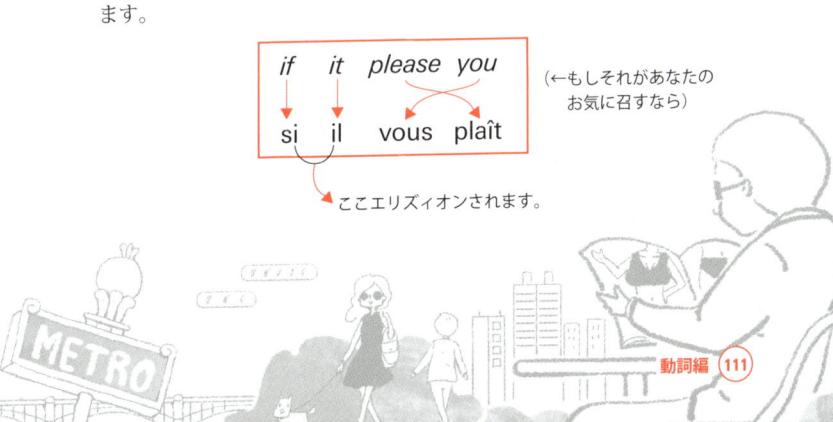

if　it　please　you
↓　↓　　↘　↙
si　il　vous　plaît

（←もしそれがあなたのお気に召すなら）

ここエリズィオンされます．

先生♠ また、右ページのように avoir と être の命令は特殊な形をとりますので、注意してください。

生徒♥ 直説法現在とはまるで違うかっこうですね。
先生♠ そうですね。avoir と être はいつも他の動詞とは仲間はずれですね。用例にもきちんと目を通しておいてください。

生徒♥ 英語の *Don't* ... に相当する否定命令文はどのようになりますか？
先生♠ 通常の否定文に準じて、"ne (n') ... pas (plus, jamais)" で、上記の活用された動詞をはさみます。右のような具合です。

動詞編11の復習は「練習問題で総まとめ」(☞ p. ⑬) で！

＊はじめて本書でフランス語を学習する方は、このまま動詞編を先へお進みください。

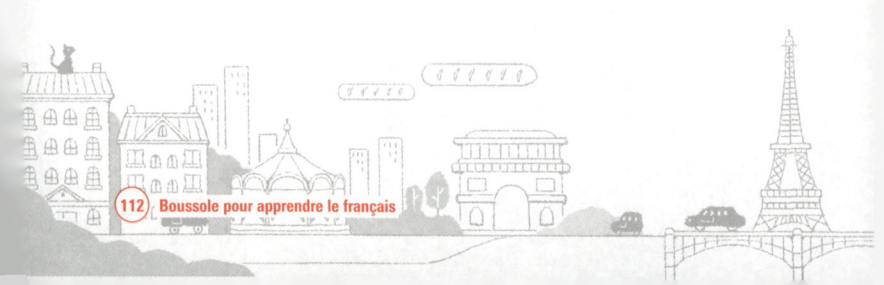

avoir・être の命令は特殊な形

Aie	エ	**Sois**	ソワ
Ayons	エイヨン	**Soyons**	ソワイヨン
Ayez	エイエ	**Soyez**	ソワイエ

Ayons du courage ! エイヨン デュ クrラージュ

勇気を持とうよ。

＊avoir du courage「勇気を持つ」

Sois sage ! ソワ サージュ

いい子になさい（おとなしくしなさい）。

＊形容詞 sage「（子供が）おとなしい」が単数なので当該の子供は1人。もし、Soyez sages ! と複数の s が語末にあれば、数人の子供を相手に語っている命令ということになる。

否定命令

Ne **fumez** pas ici, s'il vous plaît ! ヌ フュメ パ イスィ スィル ヴ プレ

ここでタバコを吸わないでください。

＊fumer「煙草を吸う」。

N' **ayez** pas peur ! ネイエ パ プーrル

怖がらないで。

＊avoir peur「怖がる」。

動詞編

Boussole pour apprendre le français ★★★

12 faire と prendre

その世界1

先生♠ 今回は、英語の *make* や *do*、*take* などに相当する、多様な意味をもつ動詞の活用と用例とあわせて覚えましょう。

生徒♥ 英語の用例の広さから判断すれば、一気に表現力が増えそうですね。ただ、動詞活用は覚えるのがなかなか大変です。

先生♠ その通り。ともかく、動詞活用を覚える地味な作業に、ある程度、耐えなくてはなりません。たとえば、ダイエットも日々の運動や食事制限がつらいように、フランス語もここはなかなかの難関です。ただ、その先には大きな喜びが待っています。CD を聞きながら進めてください。では、活用です。

　そろそろ、お気づきでしょうか。être, avoir, aller は違いますが、この faire, prendre（すでに見た -er 動詞も、-ir 動詞も）、je, tu, il の活用された動詞のつづりは違っていても、読みは同じです。fais も fait も、prends も prend も、語末の子音字を読まないので、同じ音になります。

faire [フェーrル] の活用　＊英語の *make*、*do* あるいは *play* にも相当。

je **fais** ジュ フェ	nous **faisons** ヌ フゾン
	＊発音が特殊！［フェゾン］ではない!!
tu **fais** テュ フェ	vous **faites** ヴ フェットゥ
il **fait** イル フェ	ils **font** イル フォン

prendre [プrラーンドrル] の活用　＊英語の *take*、*have*、*get* などに相当。

je **prends** ジュ プrラン	nous **prenons** ヌ プrルノン
tu **prends** テュ プrラン	vous **prenez** ヴ プrルネ
il **prend** イル プrラン	ils **prennent** イル プrレンヌ

生徒♥ それに前ページの vous faites や ils font は例外なのでしょうが、ほとんどの動詞は、nous -ons, vous -ez, ils -ent と語尾が活用されますね。

先生♠ その通りです。

フランス語の現在形の動詞活用には、下記の原則があります。

> (1) ほんの一部例外を除いて単数主語 (je, tu, il) に導かれた活用はつづりが違っても、「同じ読み」になる。
> (2) nous, vous, ils の活用の語尾は、5つの動詞を除いてみな、順に -ons, -ez, -ent のつづりになる。

横に主語を並べる活用の見やすい動詞一覧にして、形を見ておきましょう。右ページを見てください。

生徒♥ 5つの例外とは？

先生♠ 右に載せた5つだけが、上記の原則からはずれた、特殊な活用形を持つ例外的な動詞。ほかはすべて、je, tu, il の活用形の読みは共通、nous -ons, vous -ez, ils -ent と活用されます。

生徒♥ これいいですね。特殊な活用になる動詞を記憶すれば、後はおのずと活用は増えていきそうですね。

先生♠ その通り。動詞活用に対する抵抗感が少しでも解消されれば幸いです。

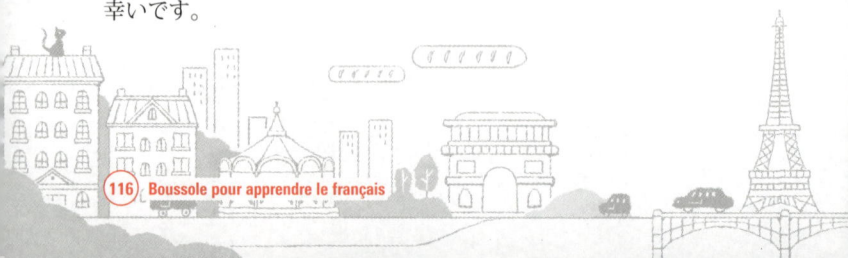

フランス語の現在形の活用

〈原則〉	読みが同じ			-ons	-ez	-ent
	je (j')	tu	il	nous	vous	ils
parler	parl**e**	parl**es**	parl**e**	parl**ons**	parl**ez**	parl**ent**
finir	fini**s**	fini**s**	fini**t**	finiss**ons**	finiss**ez**	finiss**ent**

＊原則通り展開する、-er（第 1 群規則動詞）と -ir（第 2 群規則動詞）。

上記の原則からはずれる 5 つの特殊な動詞

＊太文字の箇所が左ページ赤枠内の原則(1)(2)の例外になる箇所です。

	je (j')	tu	il	nous	vous	ils
être	**suis**	**es**	**est**	**sommes**	**êtes**	**sont**
avoir	**ai**	**as**	**a**	avons	avez	**ont**
aller	**vais**	**vas**	**va**	allons	allez	**vont**
faire	fais	fais	fait	faisons	**faites**	font
dire	dis	dis	dit	disons	**dites**	disent
ディーrル	ディ	ディ	ディ	ディゾン	ディットゥ	ディーズ

＊動詞 dire「言う」（英語の *say* に相当）は本書初出。

その世界2

生徒♥ faire, prendre の用例はいくつもありそうですね。

先生♠ そうです。この2つの動詞を使いこなせれば、表現の幅が広がりますし、多様なテーマを話題にできます。

まずは faire、ついで prendre の用例を以下に載せます。

faire の用例

⑴「する、行う、作る」の意味で

On va **faire** du tennis ?　オンヴァフェーrルデュテニス

テニスをしに行こうか？

＊この On は「私たち」nous の代用。"aller + inf." は「〜しに行く」。"On va + inf. ?" で「〜しに行こうか？」という親しい相手に対する誘い。"faire du ＋スポーツ（部分冠詞＋名詞）" で「スポーツをする」の意味になります。ちなみに、"faire du ＋語学" なら「〜語を勉強している」の意味。

> 例　On fait du français.［オンフェデュフrランセ］
> フランス語を勉強しています。

Votre père **fait** la cuisine ?　ヴォートrルペーrルフェラキュイジーヌ

あなたのお父さんは料理をしますか？

＊faire la cuisine で「料理をする」という頻度の高い言い方。

Qu'est-ce que vous **faites** dans la vie ?

ケスクヴフェットゥダンラヴィ

ご職業は何ですか？

* 「(生活において / 生計をたてるために) あなたは何をしていますか？」(英語の *What do you do* (*for a living*)?) が直訳。なお、dans la vie は省くことができます。*What is your occupation* [*job*]? の感覚で、Quelle est votre profession? [ケレ ヴォートrル プrロフェスィオン] と聞くこともできます。

* 例文の dans la vie の代わりに、ce soir「今晩」と置き換えると、Qu'est-ce que vous faites ce soir? [ケスク ヴ フェットゥス ソワーrル]「今晩何をしますか？」という問いになります。

Je fais soixante kilos.　ジュ フェ ソワサントゥ キロ

(体重は) 60キロです。

* 直訳すれば「わたしは60キロを "作る"」と考えられますね。いいかえれば、"faire ＋数量表現"で「〜である、〜になる」と訳せる言いまわしです。動詞 peser を用いて Je pèse [ジュペーズ] ... kilos. としても同意。

(2) 天候などを表す際の非人称主語 (il) の文章で (☞詳細は p.122)

Il **fait** beau, aujourd'hui.　イル フェ ボ オージューrルデュイ

今日は、晴れです。

prendre の用例

(1) 乗物に「乗る」

Prenons un taxi.　プrルノン アン タクスィ

タクシーをひろいましょう。

* prendre un taxi で「タクシーに乗る」、「列車に乗る」は prendre le train [プラーンドrル ル トゥrラン]。冠詞の違いは、列車は目的地に向け乗る方面 (路線) が決まっているに対して (つまり、特定化されている)、タクシーならどの方向にも自在に走れる (すなわち、どんなタクシーでも乗車可能で、特定化されていない) ため。

(2)「食べる」「飲む」

Qu'est-ce que tu **prends** le matin ?

ケスク テュ プ r ラン ル マタン

朝、何を食べますか？

On va **prendre** un café ?

オン ヴァ プ r ラーンド r ル アン キャフェ

コーヒーを飲みに行こうか？

*On va faire du tennis?（☞ p.118）の誘いと同じ展開となる文。

(3)「(風呂などに) 入る、浴びる」

Tu **prends** une douche ?

テュ プ r ラン ユヌ ドゥーシ

シャワーを浴びる？

*prendre un bain ［プ r ラーンド r ル アン バン］なら「風呂に入る」の意味（英語の *take*［*have*］*a bath* に相当）。

(4)「(道を) 行く」

Prenez la première rue à gauche.

プ r ルネ ラ プ r ルミエー r ル r リュ ア ゴーシ

最初の通りを左に曲がってください。

*最後を、à droite ［ア ド r ロワットゥ］とすれば「右に」の意味。

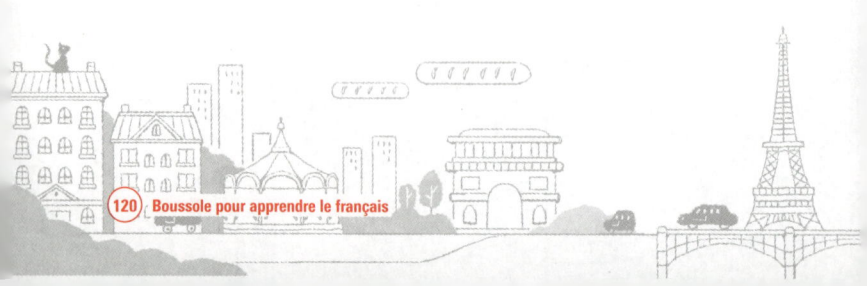

prendre と同型活用

先生♠　prendre と同じ活用をする動詞として、apprendre［アプラーンドｒル］「学ぶ、教える」、comprendre［コンプｒラーンドｒル］「理解する」など、prendre に接頭辞のついた単語がいくつかありますので見ておきましょう。

J'**apprends** le français.　ジャプｒランル フｒランセ　（← apprendre）
フランス語を学んでいます。

Je ne **comprends** pas.　ジュ ヌ コンプｒラン パ　（← comprendre）
（おっしゃることが）わかりません。

> この文は、相手の言っている話の中身がわからないときに使います。

＊似ていますが、Je ne sais pas.［ジュ ヌ セ パ］（動詞の不定詞は savoir［サヴォワーｒル］☞ p.127）は、話はわかるが「（答えを）知りません、わかりません」の意味で用いる表現です。

＊はじめて本書でフランス語を学習する方はこのまま先にお進みください。

動詞編

Boussole pour apprendre le français ★★★

13 訳さない il がある

非人称構文

訳さない il

生徒 ♥ 「時間」や「天候」を表す表現はどのようにしますか？

先生 ♠ 英語の *It is seven o'clock.* や *It is fine.* などに相当する表現は、フランス語では**非人称のil**を用いて表現します。「彼は」「それは」を意味する主語のilと同じですが、訳出しません。

英語で「雪が降る」は It snows. ですが、そもそもはこの文章、主語が不在だったようです。その昔は、"Snow." ないしは "Snows." と表現していたとのこと。そこに it を、えいやっと加えたとのこと。主語と動詞の形にしないと文章ではないというわけで、辻褄あわせの力技とあいなったというわけです。

生徒 ♥ 具体的にはどのように？

先生 ♠ 右ページのようになります。

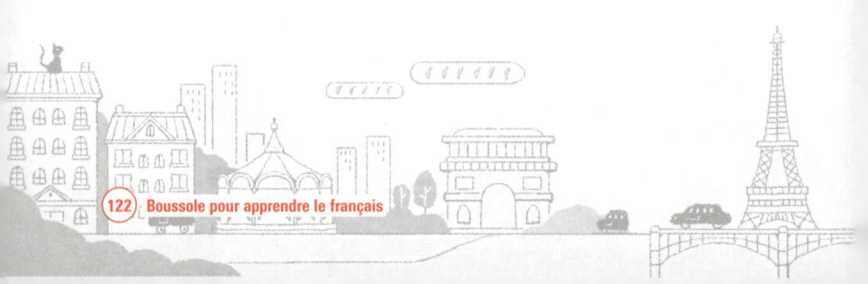

il（非人称）を使う代表的な文例

(1) 時間

Quelle heure est-**il** ?　ケルーrル エティル

（いま）何時ですか？

*quelle heure に前置詞を添えて À quelle heure ?［ア ケルーrル］「何時"に"?」とか、Vers quelle heure ?［ヴェーrル ケルーrル］「何時"頃に"?」という言い方も記憶しておきたい。

Il est sept heures quinze.　イレ セットゥーrル カーンズ

7時15分です。（☞ p.215）

何時ですか？

「（いま）何時ですか？」とたずねる際、Vous avez l'heure (, s'il vous plaît) ?［ヴザヴェルーrル（スィル ヴ プレ）］といった聞き方もできます。英語でも *Do you have the time?* と聞きますね。

(2) 天候

Quel temps fait-**il**, aujourd'hui ?　ケルタン フェティル オージュrルデュイ

今日はどんな天気ですか？

Il fait beau.　イルフェ ボー　いい天気です（晴天です）。

*Il fait bon.［イル フェ ボン］なら「気持のいい天気」、Il fait doux.［イル フェ ドゥー］なら「穏やかな天気です」となる。
*「天気が悪い」は、Il fait mauvais temps.［イル フェ モーヴェタン］が通例。

次のページ

il（非人称）を使う代表的な例（天候・続き）

Il fait chaud.　イル フェ ショ　暑い。

Il fait froid.　イル フェ フrロワ　寒い。

＊avoir の成句になる J'ai chaud., J'ai froid. という言い方は「暑い」「寒い」という主観（たとえば、室温が40℃でも J'ai froid. と言える）。非人称の Il fait ... の展開は客観的な天候を背景に使われます。(☞ p.87)

Il pleut.　イル プル　雨です。

＊pleuvoir［プルヴォワーrル］「雨が降る」は非人称の il だけで活用される動詞。

＊近接未来 "aller + inf." を使って「これから雨が降るでしょう」なら、Il va pleuvoir.［イル ヴァ プルヴォワーrル］となります。

Il neige.　イル ネージュ　雪です。

＊neiger［ネジェ］「雪が降る」は非人称の il だけで活用される動詞。

非人称構文でのみ用いられる動詞

先生♠ 左ページで触れている pleuvoir「雨が降る」、neiger「雪が降る」もそうですが、一部の動詞は il（非人称の活用）でしか用いません。

もうひとつ、覚えておきたいのは下記の falloir［ファロワーｒル］「〜しなければならない」という意味の動詞。たとえば、"il faut ＋ 不定詞" という形で使われます。

Il faut partir demain matin.　イル フォ パｒルティーｒル ドゥマン マタン
明朝、出発しなければならない。

動詞編12、13の復習は「練習問題で総まとめ」
(☞ p. ⑬) で！

はじめて本書でフランス語を学習する方は
形容詞・副詞編 20（☞ p.154）へ

動詞編

Boussole pour apprendre le français ★★★

14 重要な動詞 pouvoir, vouloir

準助動詞

助動詞のように使われる動詞

生徒♥ フランス語に助動詞はありますか？

先生♠ あります。ただし、英語のそれとは違います。本書の文法範囲を超えてしまいますが、過去形（複合過去）をつくる際に avoir と être を使うのですが、その avoir、être がフランス語では助動詞という分類になります。

生徒♥ では、たとえば、英語の *can* に相当する語は？

先生♠ フランス語の文法上の分類は動詞になります。ただし、うしろに動詞の原形（不定詞）をともなう形は、準助動詞と表現されることもあります。つまり、助動詞に準ずるというわけです。以下、代表的な **pouvoir**（英語の *can* に相当）と **vouloir**（英語の *want, want to* に相当）の活用と用例をいっきにまとめて見ておきましょう。

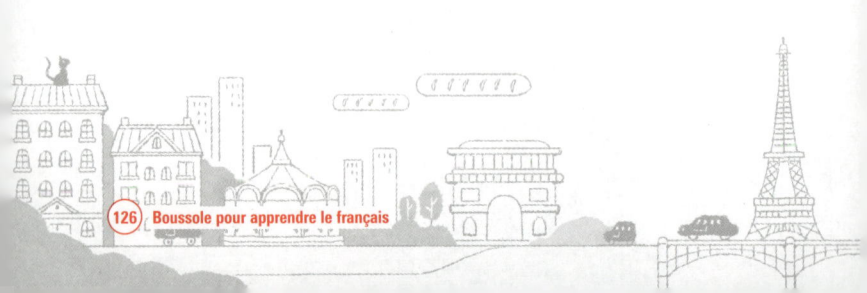

pouvoir［プヴォワーr ル］の活用

je **peux** ジュ プー	nous **pouvons** ヌ プヴォン
tu **peux** テュ プー	vous **pouvez** ヴ プヴェ
il **peut** イル プー	ils **peuvent** イル プーヴ

＊pouvoir も vouloir も、現在形の単数の語尾が、-x, -x, -t となる珍しい語。

◆ pouvoir の用例

(1)「〜できる」の意味で使われる例

Je sais nager, mais je ne **peux** pas nager maintenant.

ジュ セ ナジェ　　メ ジュ ヌ プー パ ナジェ マントゥナン

泳げますが（金槌ではないですが）、今は泳ぐことができません。

＊"savoir［サヴォワーr ル］+ inf.（不定詞）"は「（学習を経て）〜できる」、"pouvoir + inf."は「（今・この場で）〜が可能である」の違いがあります。体調などが理由で、「金槌ではないけど今は泳げない」という文意。ちなみに、savoir の活用は以下の通り。

savoir［サヴォワーr ル］

je **sais** ジュ セ	nous **savons** ヌ サヴォン
tu **sais** テュ セ	vous **savez** ヴ サヴェ
il **sait** イル セ	ils **savent** イル サーヴ

次のページ

⑵ 許可を求める：〜してもいいですか？

Est-ce que je **peux** prendre des photos ?

エスク ジュ プー プラーンドrル デ フォト

写真をとってもいいですか？

Est-ce que je **peux** essayer ce pantalon ?

エスク ジュ プー エッセイエ ス パンタロン

このズボンを試着していいですか？

*英語の"*May (Can) I 〜 ?*"に相当する言いまわし。

*主語は je（1人称）。"Je peux + inf. ?"［ジュプー］（↗）とイントネーションをあげるだけの簡便な言い方もあります。いささか丁寧さを欠くので、例文のように、"Est-ce que je peux + inf. ?"の言い方をする方が無難。なお、1人称単数の倒置形は Peux-je（✕）とはならず、"Puis-je + inf. ?"［ピュィージュ］という特殊な形をとる。ただ、これはかなり丁寧な言い方（例：Puis-je fumer ?［ピュィージュ フュメ］「タバコを吸ってもいいですか？」）。

⑶ 相手に依頼する：〜していただけますか？

Vous **pouvez** fermer la porte ？　ヴ プーヴェ フェrルメ ラ ポrルトゥ

ドアを閉めていただけますか？

*主語は2人称。親しい相手なら、Tu peux ?［テュプー］として、「〜してくれる？」という軽い依頼になります。言い換えれば、「〜することができますか？」と可能性を打診する表現です。

◆ vouloir ［ヴロワーrル］の活用

je **veux** ジュ ヴー	nous **voulons** ヌ ヴロン
tu **veux** テュ ヴー	vous **voulez** ヴ ヴレ
il **veut** イル ヴー	ils **veulent** イル ヴール

◆ vouloir の用例

(1) 〜したい（うしろに不定詞を置く）

Elle **veut** acheter cette robe.　エル ヴー アシュテ セットゥ r ロブ

彼女はこのワンピースを買いたがっている。

*acheter［アシュテ］は「買う」、robe［ロブ］は「ワンピース、ドレス」の意味。

ただし、「私が〜したい」と表現するなら、以下の形が通例。

Je **voudrais** prendre un café.　ジュ ヴード r レ プ r ラーンド r ル アン キャフェ

コーヒーが飲みたい。

*Je voudrais［ジュ ヴード r レ］「〜したいのですが」「〜が欲しいのですが」という丁寧な言いまわしで、条件法と称される動詞の形（英語の *I'd like to do* に近い）。

(2) 〜はいかがですか？（うしろに名詞を置く）

- Vous **voulez** du thé ?　ヴ ヴレ デュ テ　　　　紅茶はいかがですか？
- Oui, je **veux** bien.　ウィ ジュ ヴー ビヤン　　はい、いただきます。

*"Vous voulez ＋名詞 ?"「〜が欲しいですか」が直訳。

動詞編14の復習は「練習問題で総まとめ」（☞ p. ⑭）で！

はじめて本書でフランス語を学習する方は "中級への早道" p.196、"ここまで覚えたい！　極めたい！" p.200へ

形容詞・副詞編

Boussole pour apprendre le français ★★★

15 形容詞も形が変わる

形容詞も七変化

先生♠ 形容詞ってどんな言葉のことか、わかりますか？

生徒♥ ええ、「大きい」とか「かわいい」とか、「良い」「悪い」など、要は名詞を修飾する語ですよね。

先生♠ そうです。物事の性質や状態を表して、厳密には「名詞や代名詞を修飾する語」のことです。というわけで、フランス語では

これポイント！

**修飾する名詞や代名詞の性・数に応じて
形容詞も形が変化する。**

　フランス語の形容詞は、日本語や英語の形容詞とはチガって、その単語が形容する名詞（代名詞）の性数の違いで、多くの形容詞は "形は4通り（発音は2通り）" になります。

生徒♥ ん？？？

先生♠ まぁ、習うより慣れろ。右の一覧を見てください。

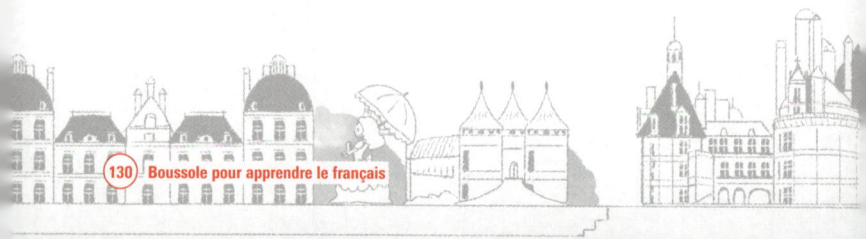

形容詞の性数の変化（原則）　49

男性形単数 + e → 女性単数形

単数		複数	
男性	女性	男性	女性
—	—e	—s	—es

＊この〈s〉は読まれない。名詞の複数を作る〈s〉と同じ。よって読みは男性形単数同じ。

＊女性形（単数・複数）は、男性形単数で発音されなかった語末の子音字を読む！

単数		複数	
男性	女性	男性	女性
grand / グrラン	grande / グrランドゥ	grands / グrラン	grandes / グrランドゥ
petit / プティ	petite / プティットゥ	petits / プティ	petites / プティットゥ

＊grand は「大きい」「背が高い」、petit は「小さい」「背が低い」の意味。
＊grand は「グランバザール」「グランプリ」などの単語で日本語に、petit は「プチ家出」「プチ整形」あるいは「プチ断食」「プチうつ」などで日本語の市民権を得ています。

形容詞・副詞編

そして、grand(e)(s)「背が高い」を例に文を作れば、主語の違いに応じて右ページのようになります。☆)

生徒♥　要するに、「学生」が、étudiant, étudiant`e`, étudiant`s`, étudiant`es`と形を転じるのと同じ展開、同じ理屈ですよね。

先生♠　その通りです。けっして突飛な形になるのではありません。

ただし、形容詞の男女、単複が、すべて、同様の展開するわけではありませんからご注意を。例外的な形をとる語は別ページ（☞p.210）にまとめておきましたので、あとでご覧ください。

名詞をうしろから修飾

先生♠　右ページにあげた例は、英語と同じ語順、つまり *Patrick is tall.* → Patrick est grand. というわけですから、形容詞が主語（名詞や代名詞）と性数一致するという大事な約束を忘れなければ、語順は問題なく理解できますよね。でも、直に名詞を修飾する場合、たとえば「（1台の）赤い車」と言いたいときには、フランス語は注意が必要です。

生徒♥　「（1台の）赤い車」、つまり、英語の *a red car* の並びが問題になるのですか？

先生♠　そうです。日本語も英語も、名詞の前に"赤い= *red*"という形容詞が置かれます。でも、フランス語の"赤い= rouge [r ルージュ]"は、日本語や英語とは語順が逆！

形容詞の用例（形容詞の性数の変化）

Patrick est **grand**. パトリック エ グrラン
パトリックは背が高い。 ＊主語は男性単数

Sophie est **grande**. ソフィ エ グrランドゥ
ソフィーは背が高い。 ＊主語は女性単数

Patrick et Sophie sont **grands**. ピエーrル エ ソフィ エ ソン グrラン
パトリックとソフィーは背が高い。
＊主語は男性と女性なので、形容詞は男性複数

Sophie et Léa sont **grandes**. ソフィ エ レア ソン グrランドゥ
ソフィーとレアは背が高い。 ＊主語は女性2名だから、形容詞は女性複数

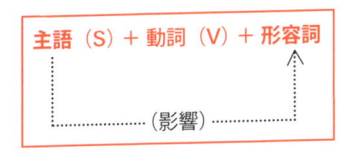

主語（S）＋動詞（V）＋形容詞
　　└──────（影響）──────┘

◆形容詞の置き位置（原則）

"名詞＋形容詞" ←うしろから形容詞がかかります。

「1台の赤い車」

↓

une voiture rouge ユヌ ヴォワテューr ル rルージュ

形容詞・副詞編

生徒♥　あの〜…？？？

先生♠　そうですよね、ぽつんと例がひとつではわからないでしょうから、blond(e) [ブロン（ドゥ）]「金髪の」と「少女」fille [フィーユ] を例に、別例をあげておきましょう。

　blond（男性形・単数）／blonde（女性形・単数）と変化するのですが、辞書やテキストでは"男性形単数（女性形単数）"をまとめて blond(e) と書くのが通例。名詞の étudiant(e) と同じ書き方です。

生徒♥　そうか、ということは、語順はともかく、冠詞も名詞も形容詞もすべて性と数が揃っているわけですね。

先生♠　その通り！　それがフランス語の世界ですから！

生徒♥　わかりました。インプットできました。

先生♠　うん、それでこそ我が教え子!!　ただ、気勢をそぐようだけど、これは原則のルールで、"形容詞＋名詞"と並べる語もあるのです。

生徒♥　は？

名詞の前に置かれる形容詞もある

生徒♥　形容詞が日本語や英語と同じく名詞の前に置かれるなら、それを先に教えてくださいよ。その方が覚え易いですよ！

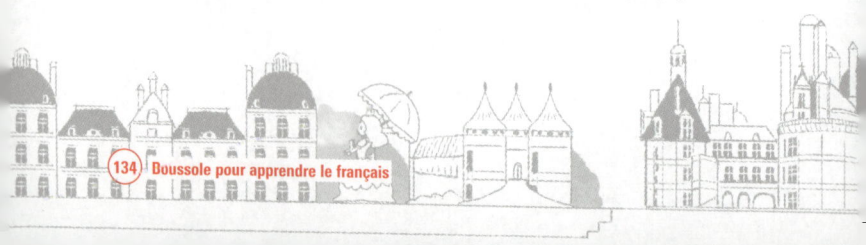

先生♠　いや、もう一度言いますが、**名詞を修飾する形容詞は原則として名詞の後に置く**。これは正しいフランス語の知識です。

形容詞の用例（形容詞の性数の変化）

une fille blond**e**　ユヌ フィーユ ブロンドゥ

金髪（ブロンド）の少女　＊ blond［ブロン］が男性単数の形。

▶＊不定冠詞（女性単数）＋名詞（女性単数）＋形容詞（女性単数）

des filles blond**es**　デ フィーユ ブロンドゥ

金髪の少女たち

▶＊不定冠詞（複数）＋名詞（女性複数）＋形容詞（女性複数）

＊＊une と des の冠詞の違いが両者の単複の違いを表す指針。目で見れば問題なくても、耳で聞き分ける際には注意がいる。複数の〈s〉（語末）を読まないフランス語の特色を再確認したい!!

でも、名詞の前に置く語もあります。それが右のような例。「大きい・小さい」など日常よく使われる形容詞です。

なお、かなり細かい話ですが、最後の複数形の用例（※）に注目！ 不定冠詞複数の des ですが、形容詞が前からかかるケースでは、次の形をとる点に注意を払って欲しいのです。

> 不定冠詞（複数）de ＋ 形容詞（複数）＋ 名詞（複数）

＊des ではなく、この〈形容詞が名詞の前〉パターンのときは冠詞を de と変える。

ただし、"des ＋ 名詞（複数）＋ 形容詞（複数）" という語順なら、不定冠詞は des のままです。

生徒♥ んん〜〜なかなか、難儀……な。

先生♠ はじめて聞けば、面倒ですね。ましてこの例をただじっと黙読しているだけでは……ダメ！ CD を聞いて、声を出してみて！

形容詞・副詞編15の復習は「練習問題で総まとめ」
(☞ p.⑥) で！

はじめて本書でフランス語を学習する方は
動詞編 07 (☞ p.90) へ

日常よく使われる、比較的つづりの短い形容詞 51

*言い換えれば、主観的な濃度の高い形容詞、すなわち「Aさんには○○だが、Bさんから見れば○○でない」という類の語とも言えます。

| 男性単数形 | *女性単数形は（ ）内の語を添える。 |

grand(e)　グ r ラン（グ r ラーンドゥ）　大きい
　　une **grande** ville　ユヌ グ r ランドゥ ヴィル　大都会

---

petit(e)　プティ（プティットゥ）　小さい
　　une **petite** maison　ユヌ プティットゥ メゾン　小さな家

---

bon(ne)　ボン（ボヌ）　良い、おいしい、優れた
　　un **bon** médecin　アン ボン メトゥサン　優れた医者
　　*女性形は bonne［ボヌ］となる。

---

mauvais(e)　モーヴェ（モーヴェーズ）　悪い
　　un **mauvais** élève　アン モーヴェゼレーヴ　できの悪い生徒（男子）

---

joli(e)　ジョリ　かわいい
　　*母音で終わっている語に e がついても発音は変らない。
　　une **jolie** fille　ユヌ ジョリ フィーユ
　　（ひとりの）かわいらしい女の子

　　※ de **jolies** filles　ドゥ ジョリ フィーユ
　　（何人かの）かわいらしい少女たち

　　*不定冠詞複数の形 de に注意。 des filles blondes「（何人かの）金髪の少女たち」とは違って、des jolies filles（×）としない！

> 小さな声で言いますが、des と de を間違えるぐらいのミスはご愛嬌。実際、フランス人でもこの文法をたいして気にしていない人もいますから。

形容詞・副詞編

形容詞・副詞編

Boussole pour apprendre le français ★★

16 この・その・あの

指示形容詞

この・その・あの

先生♠ ここからは、すでに確認した「良い」「赤い」といったような語（品質形容詞と呼ばれます）ではなく、冠詞に似た働きをする名詞標識語（名詞に意味をもたせる標識の役目をもつ語）となる形容詞を扱います。

「形容詞」と分類される語ですから、何度も同じ注意を繰り返しますが、名詞の性・数に応じて形が変わるわけです。

生徒♥ 名詞が男性か女性か、単数か複数かで形が変化するのですね。

先生♠ そうです。

　まずは「この・その・あの」を意味する**指示形容詞**から。指差して、「この〜」「その〜」「あの〜」と指示する感覚ですね。右ページの説明を見てください。

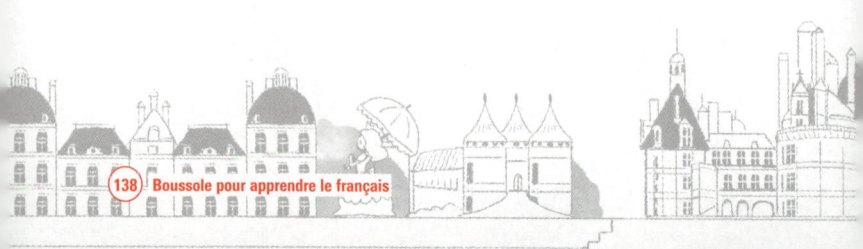

指示形容詞

*日本語の「この・その・あの」に相当するものの、訳語の別は状況や文脈で判断する。つまり、英語の this, that の違いは意識しません。

	単数		複数
男性	**ce (cet)**	ス(セットゥ)	**ces** セ
女性	**cette**	セットゥ	

*母音ではじまる男性単数には cet を用います。ただし、母音ではじまる語でも、女性名詞単数の前では cette をそのまま使います。

*限定詞とも呼ばれます。蛇足ですが、手もとの明治時代の参考書では「確定形容詞」という訳語が付いています。説明文はこうです。「確定形容詞は名詞に附着して、其名詞の意義を精密に定め、尚之に指示、所有等の意義を附加するものである」(松井知時編『邦語・佛蘭西文典』、明治35年4月刊)。正確な文法説明です。

"その"って??

　授業中に日本語の"「この」「あの」の違いは?"と問うと、「この」は手前で、「あの」は遠い位置を示す言葉だと簡単に返答がなされる。では"「その」は?"、と聞くと途端に返答が鈍る。大抵は「この」と「あの」の中間あたりという曖昧な説明になるのだが、はたしてそうだろうか……? 自分よりも声をかける相手により近い位置にあるケースが通例のはず。

　「その」が持つ微妙な遠近感、冷静に立ち止まって考えてみるとなかなか手強い。言いよどんで、「実は…」と口ごもるときに、「あの」「その」は添えられるのに、「この」は使わない。言葉は奥が深い、だから面白い!

形容詞・副詞編

生徒♥ これはクリアーできそうです……ね。

先生♠ それは良かった。名詞の性の別やら形が変化するという約束に慣れてきたからでしょうね。(☞ p.244)

　では、右ページに用例を記しておきます。もちろん CD もきちんとチェックしてください。

＊はじめて本書でフランス語を学習する方はこのまま先にお進みください。

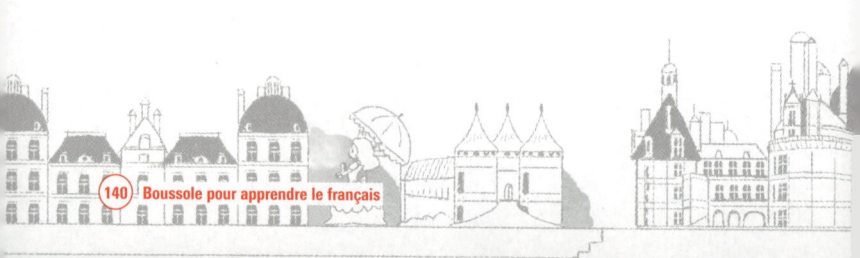

〈指示代名詞＋名詞〉の例

ce jardin　ス ジャr ルダン
この（その・あの）庭

ces jardin**s**　セ ジャr ルダン
これらの（それらの・あれらの）庭

cet arbre　セタr ルブr ル
この（その・あの）木

ces arbre**s**　セザr ルブr ル
これらの（それらの・あれらの）木

＊発音する際、cet arbre, ces arbres の音のつながりに注意。

cette fleur　セットゥ フルーr ル
この（その・あの）花

ces fleur**s**　セ フルーr ル
これらの（それらの・あれらの）花

cette histoire　セティストワーr ル
この（その・あの）物語

ces histoire**s**　セズィストワーr ル
これらの（それらの・あれらの）物語

＊発音する際、cette histoire, ces histoires の音のつながりに注意。なお、histoire には「歴史」の意味もあります。

遠近を区別したいときには、-ci, -là を名詞の後に添える。

J'aime cette robe-ci, mais je n'aime pas cette robe-là.
ジェーム セットゥr ロブスィ メ ジュ ネーム パ セットゥr ロブラ
このワンピースは好きですが、あのワンピースは好きではありません。

＊フランス語で、-ci は "近" を意味する（例：voici「ここに〜がある」/ ici「ここ」）、
-là は "遠" を指す（例：voilà「あそこに〜がある」/ là「あそこ」）。

形容詞・副詞編

Boussole pour apprendre le français ★★★

17 私の〜・あなたの〜

所有形容詞

私の〜・あなたの〜

先生♠ 英語では所有格（*my, your, his* など）と呼ばれる語を、フランス語では「所有形容詞」と言います。冠詞・指示形容詞と並ぶ第3の「名詞標識語」で、「形容詞」ですから、名詞の性・数に応じて、形が変わります。ただし、英語とは考え方が違いますから、とまどう部分があるかもしれません。

生徒♥ えっ？　とまどう部分……？？

先生♠ まぁ、まぁ、右の表をご覧あれ！

生徒♥ son が「彼の」、sa が「彼女の」なのではなくて、どんな名詞にかかるか、その男女の別と数の別で形が決まるのですね。

先生♠ そうです。ちなみに「私の」（英語の *my* に相当）は mon, ma, mes と3つの形がありますが、うしろに置かれる名詞の性・数が問題で、"私" が「男か女か」「単数か複数か」という区別ではありません。

所有形容詞の変化

	男性単数形	女性単数形	複数形
my（私の）	**mon** モン	**ma** (mon) マ（モン）	**mes** メ
your（君の）	**ton** トン	**ta** (ton) タ（トン）	**tes** テ
his / her（彼の・彼女の）	**son** ソン	**sa** (son) サ（ソン）	**ses** セ
our（私たちの）	**notre** ノートｒル		**nos** ノ
your（あなたの、あなたたちの）	**votre** ヴォートｒル		**vos** ヴォ
their（彼らの、彼女らの）	**leur** ルーｒル		**leurs** ルーｒル

＊（注意１）母音（あるいは無音のh）ではじまる女性名詞単数の前では、音の関係（母音衝突を避ける意図）から、男性形単数と同じ語を用います．

> 例　× ma amie　→　○ mon amie　モナミ　　私の女友だち
> 　　 × ta école　→　○ ton école　トネコール　君の学校

＊（注意２）英語の *his / her* の別はありません。
his father も *her father* も、フランス語では son père［ソン ペーｒル］と表現します。

> *his father*　 ┐
> 　　　　　　　 ├→ son père　彼の父／彼女の父
> *her father*　 ┘

père「父親」が男性名詞（単数）であるためで、英語のように所有者「彼の・彼女の」の別で形を決めるのではありません。名詞の性・数で所有形容詞を決定するためです。前提となる文脈がなければ、下記の文章は２通りに訳せます。

> Sa mère habite à Kyoto.　サ メーｒル アビットゥア キョウト

彼の母 は京都に住んでいる。／ 彼女の母 は京都に住んでいる。

生徒♥ では、英語の所有格 *Paul's*「ポールの」に相当する言い方は、フランス語ではどうなりますか？

先生♠ それは"名詞 + de Paul"（de は英語の *of* に相当する前置詞）の形をとります。今一度、son, sa, ses への注意を喚起しながら具体例を示せば、こんな具合です。右ページの一覧をゆっくりと見てください。そして CD をきちんと聞いてください。

形容詞・副詞編16・17の復習は「練習問題で総まとめ」（☞ p. ⑧）で！

＊はじめて本書でフランス語を学習する方はこのまま形容詞・副詞編を先へお進みください。

所有形容詞の表現 〈A de B〉「B の A」

le sac de Marie　ル サック ドゥ マ r リ　→　**son sac**　ソン サック

マリーのバッグ　　　　　　　　　　　　彼女のバッグ

＊son sac は単独なら「彼のバッグ」とも「彼女のバッグ」とも訳せる。ここは "de Marie" の置き換えなので「彼女のバッグ」となる。

les sacs de Marie　レ サック ドゥ マ r リ　→　**ses sacs**　セ サック

マリーのバッグ　　　　　　　　　　　　彼女のバッグ

＊英語の "Mary's bags → her bags" に相当する形。上記との違いは sac が複数である点。

la cravate de Paul　ラ ク r ラヴァットゥ ドゥ ポール

ポールのネクタイ　　　　　→　**sa cravate**　サ ク r ラヴァットゥ

　　　　　　　　　　　　　　彼のネクタイ

＊cravate は女性名詞。

les cravates de Paul　レ ク r ラヴァットゥ ドゥ ポール

ポールのネクタイ　　　　　→　**ses cravates**　セ ク r ラヴァットゥ

　　　　　　　　　　　　　　彼のネクタイ

＊英語の his ties に相当。ses を「彼らの」と勘違いする人がいる。「彼らのネクタイ（複数）」なら leurs cravates となる。

le père et la mère de Jean　ル ペール エ ラ メール ドゥ ジャン

ジャンの父と母　→　**son père et sa mère**　ソン ペー r ル エ サ メー r ル

　　　　　彼の父と母

> 日本語で2つ以上の名詞に所有格がかかるケース（たとえば「彼の父と母」）をフランス語に置けば、冠詞と同じようにそれぞれの語の性数を考えて所有形容詞を添えます。

形容詞・副詞編　145

形容詞・副詞編

Boussole pour apprendre le français ★★★

18 どんな？・何ですか？
疑問形容詞

どんな？・何ですか？

先生♠ ここでは、疑問形容詞を扱います。英語の *what* や *how* などに相当するものですが、あくまで形容詞ですから……。

生徒♥ 名詞の性と数で形が変わります！　ご注意ください！　ですよね。これはもう覚えましたよ。

先生♠ そうですね。しつこいのは嫌われます。
　では、さっそく、右が疑問形容詞の一覧です。4つのつづりがあります。

生徒♥ この「ケル」、どんな風に使われますか？

先生♠ 用例は次の通り。大きく3通りに分類されますが、まずは「あなたは何歳ですか？」とか「何時ですか？」に代表されるパターンを見てみましょう。

疑問形容詞　＊スペリングは違っていても単独で発音すれば、みな[ケル]と読まれます。

男性単数	女性単数	男性複数	女性複数
quel	**quelle**	**quels**	**quelles**

疑問形容詞の用法

(1) 名詞の前に置いて、形容詞として使われる際には、通常、下記のパターンで使われます。

$$\sqrt{\text{Quel}} + 名詞 + 動詞（V）- 主語（S）?$$

Sはどんな（どれだけの）〜ですか？

＊ $\sqrt{\text{Quel}}$ はうしろに続く名詞の性と数により Quel, Quelle, Quels, Quelles と変わるという意味。

Quel âge avez-vous ?　ケラージャヴェ ヴ

あなたは何歳ですか？

＊フランス語は avoir「持つ」で年齢を表す。être ではない！

＊âge「年齢」は男性名詞（単数）なので、quel が使われます。Vous avez quel âge ? と"$\sqrt{\text{quel}}$ +名詞"を文尾に置いてもいい。

A **quelle** heure arrive-t-elle ici ?　ア ケルーr ル ア r リヴテル イスィ

彼女は何時にここに着きますか？

＊quelle heure「何時」の前に時刻を示す前置詞 à を添えた形。なお、小文字ではかならず à と書かれる前置詞だが、大文字のときには A と À 両方の書き方が許容される。なお、「何時ですか？」（英語の *What time is it ?*）なら非人称の il を用いて、Quelle heure est-il ? となる。

形容詞・副詞編　147

先生♠　つづいて「〜は何ですか？」という表現で使われ、具体的には右のようになります。☽

生徒♥　前のページは「うしろに続く名詞」の性と数で、このパターンは「主語」の性と数に応じて、疑問形容詞が形を変えるのですね。
先生♠　その通り。そしてもうひとつ感嘆文に用いられる例にも触れておきます。ご覧ください。🍽

形容詞・副詞編18の復習は「練習問題で総まとめ」
（☞ p.⑨）で！

はじめて本書でフランス語を学習する方は
動詞編 08（☞ p.96）へ

疑問形容詞の用法（続き）

(2) 性質や種類等をたずねる際には下記のパターンになります。

$$\sqrt{\text{Quel}} + 動詞（être）+ 主語（S）?$$

Sは何ですか？

Quel est cet arbre ?　ケレ セッタ r ルブ r ル

あの木は何の木？

- **Quelle** est cette photo ?　ケレ セットゥ フォト

 この写真は何ですか？

- C'est la photo de mes parents.　セ ラ フォト ドゥ メ パ r ラン

 私の両親の写真です。

＊主語 arbre「木」は男性名詞（単数）、photo「写真」は女性名詞（単数）ですので，上記の例文はそれぞれ quel, quelle と主語の性・数に一致した形になります。

(3) 賛美や驚きを表す感嘆形容詞として。

Quelles belles fleurs !　ケル ベル フルー r ル

なんて美しい花でしょう！

＊上記は英語の *What beautiful flowers（they are）!* に相当する感嘆文。fleurs が女性名詞（複数）ですから，疑問形容詞は quelles と書かれます。très belles fleurs「とてもきれいな花々」（英語の *very beautiful flowers*）の "très = very" を "quelles" に置き換えたと考えれば分かり易い。

形容詞・副詞編

形容詞・副詞編

Boussole pour apprendre le français ★★★

19 比較ははさんで！

はさんで比較

先生♠ いきなり質問から入りますが、A と B とを比較・対比する際、通常は、何を比べますか。

生徒♥ はっ？ 比較の対象ということ意味ですか？ それなら、たとえば「自分」と「友人」の背丈や美醜などあれこれ比べますね。

先生♠ 品詞で言えば？

生徒♥ 英語で考えれば、代表的なのは *tall-taller, good-better* などですよね。ということは、形容詞ですか？

先生♠ そうです。多くの比較は、形容詞や副詞が中心です。

　フランス語の比較は、英語ように単語の語尾変化で表すのではなく、基本的に "⊕ plus ／ ⊜ aussi ／ ⊖ moins ～ que" の～の位置に、形容詞や副詞をはさみます。

生徒♥ 英語で原級を *as ～ as* ではさむのと同じ要領ですか？

先生♠ 意味は違いますが、あいだに置くというあり方は同じと言えば、同じですね。用例を見てみましょう。

比較の形

A + 動詞 { **plus** プリュ (＋) / **aussi** オッスィ (＝) / **moins** モワン (－) } 形容詞・副詞 + **que** + B

A は B よりも〜　　：優等比較（＋）　A＞B

A は B と同じ〜　　：同等比較（＝）　A＝B

A は B ほど〜ない：劣等比較（－）　A＜B

比較の用例　＊形容詞：âgé(e)「年上の」（英語の *old* に相当）を用いた例

Marie est { **plus** âg**e** プリュザジェ / **aussi** âg**e** オッスィアジェ / **moins** âg**e** モワナジェ } **que** Paul.　より年上だ / 同い年だ / ほど年上ではない（より年下だ）

マｒリエ　　　　　　　　　　　　　　　　　　　　　　クポール

＊比較でももちろん形容詞は、修飾する名詞の性・数に応じて形が変わる（上記の例文は主語が Marie（女性・単数）なので âgée と女性単数形になる）。

＊ちなみに、Paul が主語なら、Paul est plus (aussi, moins) âgé que Marie. となる。

＊副詞：vite「速く」（英語の *fast, quickly* に相当）を用いた例

Marie parle { **plus** vite プリュヴィットゥ / **aussi** vite オッスィヴィットゥ / **moins** vite モワンヴィットゥ } **que** Paul.　より速く話す / 同じくらい速く話す / ほど速く話さない（ゆっくり話す）

＊副詞は名詞を修飾しない語。したがって、名詞の男女・単複の影響は受けず、常に同じつづりのまま変化しない。

先生♠ また、特別な優等の比較級を持つ語に英語の *good-better*, *well-better* に相当する、次の2語があります。用例とあわせて右ページを見てください。

生徒♥ あの〜、右の例文には、"que 〜"以下がないのですが……。
先生♠ 文脈上、不要だからです。比較の基本パターンを学習するには、plus 〜 que, aussi 〜 que, moins 〜 que ではさむという説明が簡便で、わかりやすくていいのですが、実際には、その形をそのまま使うとはかぎりません。

　たとえば、2人で歩いていて Plus vite![プリュ ヴィットゥ]と言えば「もっと速く（急いで）！」の意味で que 以下に相当する「今のスピードで歩くよりも」という説明はわざわざ必要とはしません。また、相手の声が大きくてうるさいと感じたら、Moins fort![モワン フォーｒル]（fort は副詞で「強く」の意味）と言えば「(今)ほど強くなく！」＝「より小さく！」＝「もっと小さな声で！」の意味だと通じますよね。

形容詞・副詞編19の復習は「練習問題で総まとめ」
（☞ p. ⑫）で！

はじめて本書でフランス語を学習する方は
動詞編 11（☞ p.110）へ

特殊な比較級

原級	優等比較級
bon(ne) ボン（ボヌ）	**meilleur(e)** メィユーrル
	より良い、すぐれた、おいしい
bien ビィャン	**mieux** ミュー
	より良く、うまく

＊ただし、これは優等比較のケースで使います。同等、劣等はほかの語と同様に、aussi bon(ne), moins bon(ne) / aussi bien, moins bien となりますからご注意を。

比較級の用例

Vous avez une **meilleure** idée ?　ヴザヴェ ユヌ メイユーrル イデー

もっといい考えはありますか？

＊une bonne idée で「良い考え」。これを比較級にしたので「もっと良い考え」。

Tu vas **mieux**, maintenant ?　テュ ヴァ ミュ マントゥナン

もう、よくなった？

＊Tu vas bien ?「元気ですか」の bien を mieux に置き換えた表現。「君の体調は以前よりも良いですか」が直訳になります。

形容詞・副詞編

Boussole pour apprendre le français ★★

20 多少の beaucoup と un peu

多い・少ない

先生♠ 表現を強めたり、物の「多い・少ない」を言い表したりする言いまわしを簡単にまとめておきましょう。まずは、基本表現 Merci.「ありがとう」を強めれば……

生徒♥ "メrルスィ ボクー"ですよね。

先生♠ その通り。「たいへん、非常に」を意味する beaucoup［ボクー］という副詞で強めます。Merci beaucoup.［メrルスィ ボクー］と書きますですね。逆は un peu［アンプー］です。

　このbeaucoup に de を添えて、冠詞なしの名詞を置けば、

　　　"beaucoup de(d')［ボクー ドゥ］＋ 無冠詞名詞"

「たくさんの〜」「多くの〜」という意味になります。反意語は、

　　　"un peu de(d')［アンプー ドゥ］＋ 無冠詞名詞"

「少しの〜」の形をとります。たとえば、こんな例で。

beaucoup「大いに、とても」/ un peu「少し」

Elle parle **beaucoup**.　エル パrルル ボクー

彼女はとてもおしゃべりです。

＊Elle ne parle pas beaucoup. と否定形にすれば「あまり口をきかない」という意味になる。

- Vous parlez français ?　ヴ パrルレ フrランセ

フランス語を話しますか？

- Oui, **un peu**.　ウイ アン プ

ええ、少し。

＊「ほんの少し」なら un petit peu ［アン プティ プ］と "petit" を添えます。très peu ［トrレ プ］なら「ごくわずか」という意味です。

◆ beaucoup de / un peu de

J'ai **beaucoup d'**amis en France.　ジェ ボクーダミ アン フrランス

フランスにたくさん友だちがいます。

Tu as **un peu de** temps ?　テュ ア アンプー ドゥタン

（いま）少し時間がある？

はじめて本書でフランス語を学習する方は
名詞編 05（☞ p.68）へ

21 提示の表現

その他（否定・疑問・数詞など）編

以下の「提示の表現」は、文法の観点からは「動詞編」に組みこまれるべき性格のものです。ただ、これを動詞に含めますと、いささか他と性質を異にするため初学者の混乱を招きかねません。学びの誘導として、まず最初に提示の表現を載せるという考えに則ったテキストもありますが、本書では、提示とともに冠詞の復習を視野に入れ、かつ前置詞の基本や固有名詞などにも触れているため「その他編」に組みいれました。また、疑問副詞・疑問代名詞なども文法の分類を超えて、形状を理解して欲しいとの思いから、疑問文の後にこれを置きました。

ここに・あそこに〜がある

先生♠ 便利な言いまわしを使って、今までに学習した内容（名詞と冠詞、それと être, avoir の活用形）の復習もしていきましょう。

生徒♥ はい、一歩一歩、確認しながらまいります。

先生♠ では、右ページを見てください。

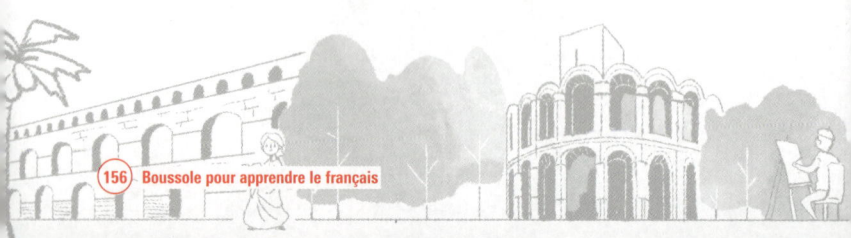

voici, voilà

Voici ＋ 名詞 ... ヴォワスィ ここに〜があります(います)。

Voilà ＋ 名詞 ... ヴォワラ そこに(あそこに)〜があります(います)。

＊原則として、その次に名詞を導く働きしかもたない言葉ですから、"導入詞・提示語" présentatif と呼ばれます。多くの辞書には「既成の品詞には分類できない」と書かれています。

Voici un chien et **voilà** un chat.　ヴォワスィ アン シィヤン エ ヴォワラ アン シャ

ここに犬が、あこには猫がいます。

＊et は英語の and に相当する接続詞。

Voilà les cravates de Jean.　ヴォワラ レ クｒラヴァットゥ ドゥ ジャン

そこに(何本か)ジャンのネクタイがあります。

＊les cravates de Jean の de は英語の of に相当する前置詞。

＊cravates「ネクタイ」は"ジャンの" de Jean と限定(特定化)されているので、"定冠詞(複数)＋名詞(複数)"になっています。

cf. Voilà des cravates. [ヴォワラ デ クｒラヴァットゥ]は「そこに(何本か)ネクタイがある」という表現。限定(特定化)されていないので不定冠詞が用いられます。

生徒♥　「そこに（何本か）ジャンのネクタイがあります」という前ページの最後の例文ですが、"de ..."（英語の *of*）の限定があれば、その前に置かれる名詞は定冠詞になると覚えていいわけですか？

先生♠　そうです、おおむねそれでオーケーです。
でも、絶対ではありません。こんな例が考えられます。クララという女性が、バッグをいくつか持っていて、そのなかのひとつが"ここにある"と表現するケースです。それなら、右のようになります。

生徒♥　なるほど。冠詞ひとつの違いでニュアンスが変わるわけですね。
先生♠　その通り。もし、不定冠詞と定冠詞の差がしっくりこないなら、もう一度名詞編にもどって見直しをしてください。

　それと、voilà は、単独で使われる大切な語でもあります。たとえば、こんなケースで。

生徒♥　voici にこうした用法はないのですか？
先生♠　ええ単独では使いません。それに voici と voilà の頻度を比べると、前者の頻度はそれほどではありません。日常会話では voilà が圧倒的に用いられます。はい、では、この話はここまで。Voilà!

voici, voilà（続き）

Voici un sac de Clara.　ヴォワスィ アン サック ドゥ クララ

ここにクララのバッグがある。

＊de Clara と限定はされているが、前ページの「ジャンの（複数の）ネクタイ」という状況とは違い、「クララの（複数所有しているうちの）1つのバッグがここにある」という意味。

voilà をひとことで使う例

(1) お金やモノを手渡すとき、パスポートを提示するようなとき。

Voilà.　ヴォワラ

はい、どうぞ。

(2) 用件や話が終わったとき、あるいは、仕事が完了したときなどに。

Voilà.　ヴォワラ

以上です（以上の通りです）。／さあ、できた。

＊この(1)と(2)の微妙な違いはカナ発音では難しいです。CD をお聞きください。

これは〜です

先生♠ つづいて、右ページにあります C'est, Ce sont をご覧ください。

生徒♥ これって、英語なら、*-What is this [that, it] ? -It's a book.* のパターン会話ですよね。悪名高き例文のお出ましじゃないですか、先生！

先生♠ たしかに、そうですね◊。こんな会話は、実際にはお目にかからないし、お耳にもかからないですから。もし、どう見ても「本」とは思えない「本」が目の前にあれば、話は別ですが……ね。ただ、「これは〜です」「この人は〜です」という言い方は、大事な言いまわし。軽く見られがちですが、この形に名詞を添えた文章をきちんと覚えておきたいものです。

　懲りずに、さらにいくつか例を出してみます。

　なお、"C'est ＋形容詞"のパターンも記憶しておくといいですね。会話でとてもよく使いますから。いつものように右ページと１枚ページをめくって pp.162-163をご覧ください。

c'est, ce sont

C'est ... （単数名詞）セ　　これ（それ・あれ）は〜です。

＊c'est で「セ」と読む！ "Ce（指示語）＋ est（être の活用形）" が合体した形!!

Ce sont ... （複数名詞）ス ソン　これら（それら・あれら）は〜です。

＊ce を「セ」とは読まない！ 何度も言います、語末の〈e〉は無音！

＊なお、「これ（ら）、それ（ら）、あれ（ら）」の違いは文脈によって。対象との距離に応じて。
＊人物にも使えるので「この人は（あの人は・その人は）〜です」と訳せる。

c'est, ce sont （例文）

– Qu'est-ce que **c'est**? ケスクセ

これは（あれは、それは）何ですか？

＊qu'est-ce que で［ケスク］と読む！！

– **C'est** un livre.　　セタン リーヴrル

本です。

＊C'est un ...［セタン〜］／ C'est une ...［セテュンヌ〜］と音をつなぐ点に注意！

C'est un professeur.　セタン プロフェスーrル

あの（その・この）人は先生です。

次のページ

◆ c'est, ce sont（続き）

- Qui **est-ce** ?　キエス

この人は誰ですか？

- **C'est** Robert.　セ r ロベー r ル

ロベールです。

C'est un cadeau pour Jeanne.　セタン カドー ブー r ル ジャンヌ

これはジャンヌへのプレゼントです。

*Jean なら男性の名前、Jeanne は女性の名前。Jeanne d'Arc はフランスの救世主。フランス人ですから［ジーン］なんて発音にはなりません！

*pour は「〜のために（の）」を意味する前置詞。英語ならこの例文は、*This is a present for Jeanne.* となる文章。

Ce sont les enfants de Nicolas.　スソン レザンファン ドゥ ニコラ

これらはニコラの子どもたちです。

*les enfants の音のつながりに注意（［レ アンファン］ではない！）。なお、訳は初級を意識した直訳。「この子どもたちはニコラ（→ニコラスではない！）の子です」といった訳の方が自然。

*現用（日常会話）ではうしろが複数でも、c'est が使われることが多くなってきています。つまり、上記の例文、C'est les enfants de Nicolas. としてもよいわけです。

Boussole pour apprendre le français

◆ "c'est ＋形容詞" の例

- **C'est** vrai ?　　セ ヴrレ

それ本当？

- Oui, **c'est** vrai.　　ウィ セ ヴrレ

うん、本当さ。

＊Oui は英語の Yes に相当する、返答。

C'est magnifique !　　セ マニフィック

これはすばらしい！

＊景色や建物、見事な情景を前に感嘆のひと言。

C'est fini.　　セ フィニ

終わった。

＊fini は文法的には過去分詞（派生の形容詞）。仕事や宿題、食事などが「終わった」と言いたいときに。

〜があります（います）

先生♠　il y a［イリア］という構文にもぜひなじんで欲しいと思います。

生徒♥　イ・リ・ア？

先生♠　いや、切らずに、まとめて、il y a［イリア］です。これは、英語の *there is*［*are*］に相当するもので、「〈…に〉〜がある（いる）」という大切な言いまわし。右ページに日本語・英語と並べて例示してみます。

生徒♥　これも英語でおなじみの形ですね。

先生♠　そうです。ただ、この例文ですが、食堂のドアを開けて、実際に見知らぬ猫がテーブルの上にいたら、よほどの愛猫家じゃなければ「まったく！　シッ！」とでも言いながらあわてて猫を追い払うはずで、流暢にこんな会話を口にする余裕はないでしょうけど……ね。

　まぁ、それはさておいて、別例をあげておきます。英語と並べておきますので和訳は省略しました。なお、はじめて触れますが場所を表す前置詞にも着目ください。CDも聞いてくださいね。

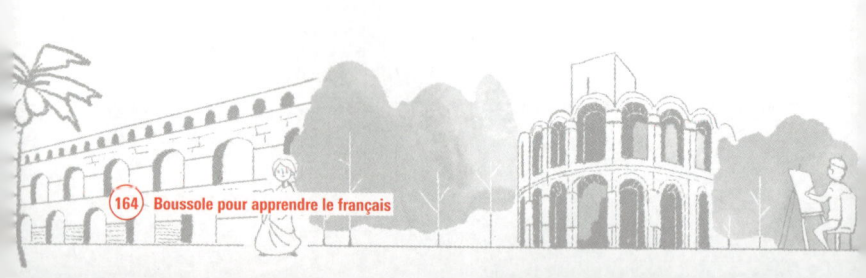

～があります（います）

Il y a un chat sur la table.　イリア アン シャ スューr ル ラ ターブル

There is *a cat* *on the table.*

テーブルの上に猫がいる。

Il y a ＋ 不定冠詞（数詞・数詞相当語）＋名詞＋前置詞＋場所（定冠詞＋名詞）

〜に…がある（いる）

＊英語の there is, there are に相当する構文。

il y a の用例

Il y a un chien sous la table.　イリア アン シャ スー ラ ターブル

There is a dog under the table.

＊sous［スー］「〜の下に」は、上記の例文にある sur［スューr ル］「〜の上に」と音が似ているので混交しやすい。この点に注意して CD を視聴ください。

Il y a beaucoup de monde dans la rue.　イリア ボクードゥ モンド ダン ラ r リュ

There are a lot of people on the street.

＊"beaucoup de ＋ 無冠詞名詞" で「たくさんの〜」を表します（☞ p.154）。
beaucoup de monde で「たくさんの人、大勢のひとたち」。

Il y a un arbre devant la maison.　イリア アナルブル ドゥヴァン ラ メゾン

There is a tree in front of the house.

＊"devant ＋ 場所" は英語の "in front of ＋ 場所" に相当する言いまわし。

先生♠ では、ここで唐突に質問です。次の文の誤りを正してください。

Il y a le sac sur la table. テーブルの上にバッグがあります。

ヒントは、冠詞です。前ページの例と見比べてください。

生徒♥ le sac の部分ですね。不定冠詞になるのでは？

先生♠ そうです。il y a の構文はうしろに「不特定」のもの、つまり、「特定化されていない」名詞が来ます。と言いますのは、ある名詞が会話ではじめて話題になるときにこの構文が使われるからです。「テーブルの上にバッグがあるよ」「あっ、本当だ！ 花子のだな！ まったく、片付けといて……」って感じ。だから、最初から特定化された le sac ではまずい、un sac です。

もし、「そのバッグはテーブルにある」と言いたいなら、il y a ではなく、le sac を主語にして、Le sac est sur la table.［ル サック エ スューr ル ラ ターブル］（英語：*The bag is on the table.*）とします。

その他編21の復習は「練習問題で総まとめ」（☞ p. ⑤）で！

はじめて本書でフランス語を学習する方は
形容詞・副詞編 15（☞ p.130）へ

(1) il は神　　(2)「は」と「が」

(1) il y a の構文ついて、京都大学名誉教授・多田道太郎さんが『素顔のヨーロッパ』のなかで、以下のように書いています。ご参考までに、引用いたします。

「Il y a ... という初歩の言いまわしがある。普通、無人称といわれる Il はもともと『神』のことであった。唯一の神が『そこに待つ』ということで『…は存在する』の意味になる」。

(2) 日本語で主格を表す「は」と「が」は、それぞれ、フランス語の定冠詞と不定冠詞に相当すると考えられませんか？　つまり、「"バッグは"テーブルの上にある」は Le sac est sur la table.、「テーブルの上に"バックが"ある」なら Il y a un sac sur la table. となるからです。

ちなみに、『伊勢物語』
　　「昔　男　がありけり。その男 は 身を用なき者に……」
をフランス語に置くと、
　　　　　　　　Il était une fois un homme. L' homme ...
と展開します。

外国の人を相手にすると、主格の「～は」は、述部に照準を当てるもの（「私は（学ぶのではなく）教えます」）、「～が」は名詞（主格）にスポットを当てる語（「（彼ではなく）私が教えます」）と説明されますが、冠詞とのからみで考えてみると面白いことがいろいろと見えてきそうです。そうそう、日本語がかなり達者なフランス人でも、日本語の「は」と「が」はよく間違えます。われわれがなかなか冠詞になじめないのと似ています。

その他（否定・疑問・数詞など）編

Boussole pour apprendre le français ★★

22 否定文

はさんで打ち消す

生徒♥　フランス語の否定文はどうなりますか？

先生♠　肯定文から否定文への移行は、**動詞を ne(n') ... pas など打ち消しの語ではさむだけ**。右ページを見てください。

生徒♥　最後の例文ですが、文章の一部が変わっていません？

先生♠　そうです。「わたしは"車を"持っている」を ne 〜 pas で打ち消すと、冠詞が変化します！

否定文で冠詞が変化

先生♠　問題です。J'ai une voiture. の、une voiture を文の働きから、何と呼ぶかわかりますか。

生徒♥　"車を"の部分は目的語です。

先生♠　そうです。通常、「人を」「物を」と訳され、動詞の直後に置かれる名詞は「直接目的語」と呼ばれます。で、une voiture の冠詞は？

否定文　*動詞を以下の★…☆の表現ではさむ。

S（主語）＋★＋動詞＋☆….

★　　　　　☆
ne（n'）… **pas**　　ヌ…パ　　　〜ない

ne（n'）… **plus**　　ヌ…プリュ　　もはや〜ない

ne（n'）… **jamais**　ヌ…ジャメ　　けっして〜ない

*動詞が母音ではじまる場合には n' を用いる

◆**否定文の用例**　*なお、以下、否定の箇所は発音を ひらがな にて表記！

Je suis médecin.　ジュ スュイ メトゥサン

→ Je **ne** suis **pas** médecin.　ジュ ぬ スュイ ぱ メトゥサン

私は医者ではない。　*ne は［ヌ］。これを「ネ」と読まない！

C'est un dictionnaire.　セタン ディクショネーrル

→ Ce **n'**est **pas** un dictionnaire.　ス ね ぱ アン［ザン］ディクシュネーrル

これは辞書ではない。　*n'est は［ネ］と読みます！

Il habite à Dijon.　イラビッタ ディジョン

→ Il **n'**habite **plus** à Dijon.　イル なビットゥ ぷりゅ ア［ザ］ディジョン

彼はもうディジョンに住んでいない。

*Dijon はブルゴーニュ・ワインで知られる地域の中心的な都市。

→ J'ai une voiture.　ジェ ユヌ ヴォワテューrル

→ Je **n'**ai **pas** de voiture.　ジュ ね ぱ ドゥ ヴォワテューrル

私は車を持っていない。

生徒♥　une は「とある」「1 台の」を指す不定冠詞です。

先生♠　その通り。

さて、フランス語の否定文には、こんなお約束があります。

直接目的語の前に置かれた
〈不定冠詞 un, une, des〉と〈部分冠詞 du, de l', de la〉
は " 否定文 " では de(d') に変る。

生徒♥　英語で、"*some* ＋名詞"が否定文で"*not ... any* ＋名詞（*no* ＋名詞）"になる展開に似てますね。

先生♠　そうです、似ています。少し説明を加えれば、肯定文中では直接目的語の存在が「あった」のに、否定されると、それが「なくなる」、潜在化するイメージがこの変形の背景にあります。☆

生徒♥　では、p.169の例文ですが、間違っているのでは？

　　　C'est un dictionnaire. → Ce n'est pas un dictionnaire.

先生♠　いえ、これで正しいです。C'est, Ce sont は動詞 être を使った文章。être のあとに「人を」「物を」という直接目的語を置くことはできません（ちなみに日本語で「人 を です／物 を あります」とは言えませんね）。つまり、上記の un dictionnaire は直接目的語ではなく、属詞（英語では補語と呼ばれる）ですから、不定冠詞であっても上記の冠詞の変形ルールに当てはまりません。

否定文（続き）

J'ai une villa. ジェ ユヌ ヴィラ

→ Je n'ai pas **de** villa. ジュ ね ぱ ドゥ ヴィラ

私は別荘を持っていません。

Elle a des enfants. エラ デザンファン

→ Elle n'a pas **d'**enfants. エル な ぱ ダンファン

彼女に子供はいません。

＊enfants は母音ではじまる名詞なので、否定文中で de enfants（×）とせずに、de の母音字が省かれて d'enfants となる。

Il y a de l'eau dans la bouteille. イリア ドゥロー ダン ラ ブテェィユ

→ Il n'y a plus **d'**eau dans la bouteille.

イルにア ぷりゅ ドー ダン ラ ブテェィユ

ボトルのなかにもう水はありません。

＊否定文で de l'eau が d'eau になる。なお、il y a の打ち消しは、il n'y a pas（plus, jamais）と y a の 2 文字をはさむ。

◆否定文の注意

Il aime le sport. イレーム ル スポーｒル

→ Il n'aime pas le sport. イル ねム ぱ ル スポーｒル

彼はスポーツが好きではありません。

＊le sport は直接目的語ですが、冠詞は定冠詞です。定冠詞は否定文でも変化しません。

＊はじめて本書でフランス語を学習する方はこのまま先にお進みください。

その他（否定・疑問・数詞など）編

Boussole pour apprendre le français ★★★

23 疑問文

簡単なのはイントネーション

生徒♥ 疑問文はどのように作りますか？

先生♠ フランス語の疑問文は全部で3パターンあります。基本的には、どんな文章でも3種類の質問形式がとれるのです。まずは、もっとも会話に登場する、簡便なイントネーションによる方法です（このパターンはすでにいくつか例文中に前出しています）。

生徒♥ (2)の否定疑問文の応接は混乱しそう……です。

先生♠ 日本語と違いますから、否定疑問については補足が要りますね。

　フランス語（英語もそうです）は、相手の質問が肯定の文か否定なのかにかかわりなく、質問の内容だけを取りあげて、「諾」＝そうであれば "Oui＋肯定" か "Si＋肯定"（右の例なら「病気です」・「ワイン好きです」）となり、「否」＝違っていれば "Non＋否定"（「病気ではない」・「ワイン好きでない」）と応じます。質問する相手の気持は関係ないし、斟酌しません。

疑問文を作る(その1) 文末は尻あがりのイントネーションで

(1) 肯定疑問文の場合

Tu es malade.　テュ エ マラッドゥ　君は病気です。

→ **Tu es malade ?**　テュ エ マラッドゥ(♪)

君は病気なの？　＊malade「病気の」という形容詞。

- **Oui**, je suis malade.　ウィ ジュ スュイ マラッドゥ

はい、病気です。

- **Non**, je ne suis pas malade.　ノン ジュ ヌ スュイ パ マラッドゥ

いいえ、病気ではありません。

＊肯定の疑問文に応答する場合　Oui「はい」／Non「いいえ」

＊英語の Yes, I am. にあたる省略文、(×) Oui, je suis. は不可。簡単に Oui. とだけ応じるか、Oui, je suis malade. とします。

(2) 否定疑問文の場合

Il n'aime pas le vin.　イル ネーム パ ル ヴァン

彼はワインが好きではない。

→ **Il n'aime pas le vin ?**　イル ネーム パ ル ヴァン(♪)

彼はワインが好きじゃないの？

- **Si**, il aime le vin.　シィ イレーム ル ヴァン

いいえ（いえ）、好きです。

- **Non**, il n'aime pas le vin.　ノン イル ネーム パ ル ヴァン

ええ（はい）、好きではありません。

> 否定の疑問文に返事をする場合　Si「いいえ」＋肯定／Non「はい」＋否定

"エスク" ときたらそれ質問

生徒♥ 疑問文の2つめのパターンは、どんなものですか？

先生♠ 文頭に est-ce que（qu'）［エスク］（質問のマーク）を添えるものです。前ページと同じ例文で説明しましょう。

生徒♥ あの〜、イントネーションによる疑問文と est-ce que（qu'）による2つの疑問文の形があって、意味も同じなら、乱暴な言い方ですがひとついらないんじゃないですか？

先生♠ そうですね、でも、このふたつ、少し違うんです。

まず、イントネーションでの質問からすると、est-ce que（qu'）による疑問文はエスクが余分ですので、会話のスピード感は劣りますね。でも、"疑問文ですよ、あなたに質問ですよ"という意思表示を明確にする意図（たとえば電話など相手が見えない会話）なら、est-ce que（qu'）のパターンで聞くことが多くなります。それと、est-ce que（qu'）は話の流れから、相手の反応（つまり Oui, Si, Non の別）が推測しにくい文脈で用いられます。「エスク」といういささか不思議な形は、強調構文から生まれたものだからです。

詳しく言えば、"C'est que ＋主語＋動詞…"「それはすなわち〜ということです」の "C'est（つまり ce〈主語〉と est〈動詞〉）の倒置形 ＋ que"（→「おたずねしますが、それはすなわち〜ということですか？」という確認）から派生したものです。

疑問文を作る（その2） 質問のマークをつけて

$$\boxed{\text{Est-ce que（qu'）＋ 主語（S）＋ 動詞（V）……？}}$$

(1) 肯定疑問文

Tu es malade.

→ Tu es malade？（←イントネーション）（☞ p.173）

→ **Est-ce que** tu es malade？　エスク テュ エ マラッドゥ

君は病気なの？

＊文末のイントネーションはあげて読まれます。もちろん、Oui, je suis malade. / Non, je ne suis pas malade. の返答は前回と同じ。

(2) 否定疑問文

Il n'aime pas le vin.

→ Il n'aime pas le vin？（←イントネーション）（☞ p.173）

→ **Est-ce qu'**il n'aime pas le vin？　エスキル ネーム パル ヴァン

彼はワインが好きじゃないの？

＊il(s), elle(s) が主語のときには est-ce qu'... とエリズイオンします。もちろん、si, non の応答は前回のイントネーションによる疑問文と同じです。

主語と動詞を倒置して

先生♠　疑問文の3つめのパターンは、主語と動詞の倒置です。

生徒♥　英語の *This is* ～を *Is this* ～？とひっくり返す方法ですね。

先生♠　そうです。ただ、主語と動詞を倒置したらその2語を〈-〉（トレデユニオン）ではさみます。

生徒♥　あの～否定疑問文の最後の倒置の形がよくわかりません。

先生♠　そうですね。では、順を追って、以下、質問形式でひとつひとつ考えていきましょう。

（設問）まず、以下の文章を倒置の疑問文にしてください。

　　Vous aimez le thé.　ヴゼメルテ　あなたは紅茶が好きです。

生徒♥　Vous が主語（S）で aimez が動詞（V）ですから……。

　　　Aimez-vous le thé?　エメヴルテ

先生♠　その通り。では、これを否定にして「あなたは紅茶が好きではないの？」とするとどうなりますか。

生徒♥　動詞 aimez を ne(n') ... pas ではさむ……？？？

先生♠　いいえ、"動詞（V）と主語（S）"をまとめてはさみます。

生徒♥　というとは、以下のようになりますね。

　　　N'aimez-vous pas le thé?　ネメヴパルテ

＊つまり、Vous n'aimez pas le thé? の vous (1)と n'aimez (2)の倒置。

疑問文を作る（その3） 倒置形を用いて

動詞 — 主語…？

(1) 肯定疑問文

Tu es malade.

→ Tu es malade ?　(☞ p.173)

→ Est-ce que tu es malade ?　(☞ p.175)

→ **Es-tu** malade ?　エ テュ マラッドゥ

君は病気なの？

*イントネーションは通常、あげて読まれます。もちろん、Oui, je suis malade. / Non, je ne suis pas malade. の返答は変らない。

(2) 否定疑問文

Il n'aime pas le vin.

→ Il n'aime pas le vin ?　(☞ p.173)

→ Est-ce qu'il n'aime pas le vin ?　(☞ p.175)

→ **N'aime-t-il pas** le vin ?　ネーム ティル パ ル ヴァン

彼はワインが好きじゃないの？

*n'aime と il を倒置します。ただし、n'aime-il ですと n'aime［ﾑ m (ə)］と il ［i イ］の母音「ウ (ə)」+「イ (i)」が衝突する。母音の音の衝突（これを hiatus ［イアテュス］と言います。"イアテュスは'嫌ちゅす'！"とフランス語は考えます。つまらないシャレです）をいやがるフランス語は、ここで "-t-" を入れます。もちろん、si, non の応答は前回のイントネーションの疑問文と同じです。

先生♠ そうです。これを N' とせずに N<u>e</u> <u>a</u>imez-vous pas … (×) とそのまま書く人が多いので注意してください。ne のうしろに母音が来たら、n' になります（頭で文法を理解せずに、音を介して進めればこうしたミスはふせげます。だから CD での音の確認が大切！）。

では、最後の難関、N'aimez-vous pas le thé? の主語を変えて、「"彼は（il）" 紅茶が好きではないの？」とする倒置の疑問文は、さて、どうなりますか？

生徒♥ Il aime le thé. の主語と動詞返して、Aime-il le thé? として……

先生♠ STOP!!

aime-il では、母音が衝突しますから……そこに……何か入れなくてはなりません。思い出してください。

生徒♥ そうでした。ここに -t- を入れて、Aime-t-il le thé? として、それを否定するのですから、結局はこうなりますね。

　　　　N'aime-t-il pas le thé? 　ネーム ティル パ ル テ　（☞ p.177）

*つまり Il (1) n'aime (2) pas le thé? の il (1) と n'aime (2) を -t- でつないだ倒置。

先生♠ 正解です！　なんだかクイズみたいですね。

イントネーションや est-ce que が会話で使われるのに対して、この倒置による疑問文は主に書き言葉で用いられます。

その他編22・23の復習は「練習問題で総まとめ」
(☞ pp. ⑦ - ⑧) で！

＊はじめて本書でフランス語を学習する方はこのまま先にお進みください。

その他（否定・疑問・数詞など）編

Boussole pour apprendre le français ★★★

24 基本の数詞

数字（1～10）

先生♠ フランス語の数字は覚えるのが難しいという巷の妙な噂を、鵜呑みにしている人たちがいるようです。でも、それは本当でしょうか。日本語の1（いち）・2（に）・3（さん）は、簡単なのでしょうか。考えてみてください、普段の生活で1・2・3を、いつ、どんなときに使っていますかね……？

生徒♥ はっ？ いつも、使ってますが……。

先生♠ 具体的には、どんなときに？

生徒♥ いつでも、どんな時にも使いますよ。たとえば、買い物にも、時間を指すときでも、物を数えるときでも1・2・3です。

先生♠ では、鉛筆は？ どう数えますか？

生徒♥ 1本、2本、3本……

先生♠ でもそれは、"いっぽん・にほん・さんぼん"で、"いち・に・さん"ではないですよね。「本」も「ぽん・ほん・ぼん」と変化します。"ひとつ・ふたつ・みっつ"という数え方はどうですか。"いち・に・

さん"とは明らかに違いますよね。こうした数え方を理解するのは簡単でしょうか？　1人、2人、3人 "ひとり・ふたり・さんにん" となる場合はどうです。漢数字を用いて、かつ「人」を読みわける不統一、これを外国の人が即座に理解できますかね。

生徒♥　そう言われれば……たしかに。

先生♠　世の中には1〜100まで数字の読みに統一性を欠き、たとえば、95まで数を覚えたとしても、その先を聞いたことがなければそれが使えないという大変複雑な数の世界に暮らす人たちもいるようです。また、いわゆる西洋数字でない世界に暮らせば、その国で使われる数字を別途覚えなくてはなりません。たとえば、こんな具合。

西洋数字	0	1	2	3	4	5	6	7	8	9
アラビア語	.	١	٢	٣	٤	٥	٦	٧	٨	٩
ペルシア語	.	١	٢	٣	۴	۵	۶	٧	٨	٩

　それに比べたら、フランス語の数字は……怖くないです！　まずは、1〜10まで覚えてください。つづいて、11〜20です。なお、ここまでの数字がわかればこの後は、節目の数、30・40・50・60が理解できれば一気です。

その他編24の総復習は「練習問題で総まとめ」（☞ p.⑪）で！

はじめて本書でフランス語を学習する方は
形容詞・副詞編　16（☞ p.138）へ

数字（1〜10）

1. un, une　アン　ユヌ

    → 名詞の性に応じます。　1ユーロ　un euro　アンヌーrロ

    　　　　　　　　　　　　1時　une heure　ユヌーrル

    ＊11, 71, 91を除く、21, 31, 41, 51, 61, 81の数字にはこの un と une の別が関係します。

2. deux　ドゥ

    → 以下、単独ではドゥ・トロワ…と続きますが、うしろに母音ではじまる単語が付けば、発音されなかった -x, -s …の音が後続の母音につけられて音になります。

3. trois　トrロワ

4. quatre　キャトrル

5. cinq　サンク

6. six　スィス

    →「半年」＝「6ヶ月」は six mois と書いて［スィモワ］と発音されます。単独で読まれていた x［ス］が消えてなくなります。

7. sept　セットゥ

8. huit　ユィトゥ

9. neuf　ヌフ

10. dix　ディス

数字（11〜60）

11	onze	オーンズ	*11〜16まではみんな -ze[ズ]で終わります。
12	douze	ドゥーズ	
13	treize	トrレーズ	
14	quatorze	キャトーrルズ	
15	quinze	カーンズ	
16	seize	セーズ	
17	dix-sept	ディセットゥ	*17〜19は"10+7、+8、+9"の足し算
18	dix-huit	ディズユイトゥ	
19	dix-neuf	ディズヌフ	
20	vingt	ヴァン	
21	vingt et un（une）	ヴァンテーアン（ユヌ）	

*20+1と〈+〉に相当する et［エ］が入る。31、41、51、61も同じ。"-et un" または "-et une" と展開。例：vingt et un ans［ヴァンテーアナン］21歳　vingt et une heures［ヴァンテーユヌーrル］21時。

22	vingt-deux	ヴァントゥドゥ	*22〜29は20に2、3、4…を添える。
23	vingt-trois	ヴァントゥトロワ	
30	trente	トrラントゥ	*以下、-ente, -ante［アントゥ］の音で終わる。
40	quarante	キャrラントゥ	
50	cinqante	サンカントゥ	
60	soixante	ソワサントゥ	

*なお、続きは p.218 へ。

11〜16 この数字が難所！

その他（否定・疑問・数詞など）編

Boussole pour apprendre le français ★★

25 疑問副詞

いつ・どこで・なぜ・どうして

生徒♥ 英語の 5 W 1 H に相当する疑問詞を教えてください。

先生♠ 右の一覧のようになります。ただし、*Who* と *What* に相当する語は少し形が複雑ですので次の課で触れます。

生徒♥ 通常の疑問文と同じように、こうした疑問詞を用いた疑問文も 3 種類つくれるのですか？

先生♠ はい、こうした疑問詞がついた問いかけでも、3 つの形が可能です。たとえば「君はどこへ行くのですか？」と聞きたいなら、右の 3 つのパターンが可能です。

疑問副詞

いつ	*when*	**quand**	カン
どこ	*where*	**où**	ウ
どのように	*how*	**comment**	コマン
どのくらい、いくら *how many, how much*		**combien**	コンビャン
なぜ	*why*	**pourquoi**	プrルクワ

用例：君はどこに行くのですか？

Tu vas **où**?　テュ ヴァ ウ
* **イントネーション**をあげて（↗）発音。疑問詞を最後に。主に会話で。

Où est-ce que tu vas ?　ウ エスク テュ ヴァ
* 疑問詞+ **est-ce que**（**qu'**）+主語+動詞？

Où vas-tu ?　ウ ヴァ テュ
* 疑問詞+**動詞・主語**（主語・動詞の倒置）？

この 2 つは通常イントネーションは下がる。

先生♠ où 以外の用例は次のようになります。

◆ その他の用例

Quand finis-tu tes devoirs ?　カン フィニ テュ テ ドゥヴォワーrル

いつ宿題が終わります？

＊devoir は「義務」という意味だが、devoirs と複数にして「宿題」の意味で使われることが多い。

Comment allez-vous ?　コマンタレ ヴ

お元気ですか（ごきげんいかがですか）？

＊Vous allez bien ?［ヴザレ ビャン］と同意。「あなたはどうやって行きますか？」と方法・手段を問うパターンではない。挨拶の基本形。

cf. **Comment** allez-vous à la fac ?　コマンタレ ヴ ア ラ ファック

　どうやって大学に通ってますか？

＊aller à la fac で「大学に行く」の意味。fac は faculté［ファキュルテ］「学部」を略した語。

Combien d'enfants avez-vous ?　コンビヤン ダンファン アヴェ ヴ

お子さんは何人ですか？

＊"combien de ＋ 名詞"（多くは複数形）は英語の "how many ＋ 名詞" に相当する形。

C'est **combien ?**　セ コンビヤン

いくらですか？

＊商品を前に「これいくらですか？」とたずねる定番の一言。

C'est **pourquoi ?** セ ブrルクワ

それはなぜですか？

＊この c'est は話の内容（文脈）を受けて用いる。"C'est ＋ 疑問詞 ?"（それはいつ？、それはどこ？ etc.）は有効な会話のパターン。なお、Pourquoi? の質問に対しては、Parce que［パrルスク］…「（なぜなら）〜だからです（英語の *because*）」と応じるのが通例。C'est parce que［セ パrルスク］「というのは〜だからです」も定番の返答。

＊はじめて本書でフランス語を学習する方はこのまま先にお進みください。

その他（否定・疑問・数詞など）編

Boussole pour apprendre le français ★★★

26 疑問代名詞

誰

先生♠ 疑問副詞につづいて、今回は「誰」「何」と問いかける方法を学びましょう。ただし、形が変わります。主語として「誰が」「何が」と聞くのか、「誰を」「何を」と聞くのか、その違いが形の違いにつながります。「何」は前に出てきましたが、覚えてますか？

生徒♥ Qu'est-ce que c'est?［ケスクセ］（英語の *What is it* ［*this, that*］*?* に相当）……でしょうか？

先生♠ 正解です！ ただし、「何」は置いておいて、まずは「誰」と問いかけるパターンから。一覧を見てください。

生徒♥ んん、なんだか複雑なかっこうですね。

先生♠ たしかに、Qui est-ce qui, Qui est-ce que の形はややこしいですね（☞ Q&A p.246）。でも習うより慣れろ。

「誰」と問う際には、〈単純形（疑問詞１語のみのパターン）〉と〈複合形（qui ＋ est-ce qui "誰が" ／ qui ＋ est-ce que "誰を"）〉の２種が可能だと覚えてしまいましょう。例をあげてみます。

疑問代名詞（単純形と複合形がある）

	主語（誰が）	直接目的語・属詞（誰〔を〕）
単純形	**Qui** + V（動詞）？ キ ＊動詞は3人称単数の活用	**Qui** + 動詞（V）− 主語（S）？ キ
複合形	**Qui** est-ce qui + V ? キ エ ス キ ＊動詞は3人称単数の活用	**Qui** est-ce que (qu') + S + V? キ エ ス ク

＊「誰が」（主語を問う Qui, Qui est-ce qui）のうしろには動詞が置かれます。

＊「誰を」の単純形（Qui）のうしろでは，主語と動詞の「倒置」が起こります。

＊「誰を」の Qui est-ce que は母音または無音の h ではじまる語が来ると qu' とエリズィオンされます。

疑問代名詞の用例

(1)「誰が」とたずねる場合（単純・複合両形が可能）

Qui chante ?　キ シャントゥ

= **Qui est-ce qui** chante ?　キ エスキ シャントゥ

誰が歌っていますか？

＊たとえば Michel chante.「ミシェルが歌っています」という文が返事になります。主語をたずねる際の表現です。

次のページ

◆疑問代名詞（続き）

(2)「誰を」とたずねる場合（単純・複合両形が可能）

Qui cherche-t-elle ?　キ シェｒシュテル

＝ **Qui est-ce qu'**elle cherche ?　キ エスケル シェｒルシュ

彼女は誰を探してますか？

＊たとえば Elle cherche Marie .「彼女はマリーを探しています」という返答の Marie（直接目的語）をたずねる際の疑問文。なお、日常会話ならば Elle cherche qui ?［エル シェｒルシュ キ］という語順も可能です。

(3)「誰」とたずねる場合（単純形を用います）

Qui est ce monsieur ?　キ エス ムッスィゥ

この方は誰ですか？

＊"S＋être 活用＋A" のAをたずねる際に。たとえば上記の例文なら、Ce monsieur est Kimura .「この方は木村さんです」という文章の"木村さん＝属詞"（英語では補語と呼ばれる箇所）を打診する際の形です。

先生♠　なお、前置詞を添えた、以下のような質問形式もあります。

◆前置詞＋疑問代名詞

前置詞 ＋ qui ＋ V − S ? ／ 前置詞 ＋ qui ＋ est-ce que（qu'）＋ S ＋ V ?

De qui parlent-ils ?　　　　　　ドゥ キ パｒルルティル

De qui est-ce qu'ils palrent ? ドゥ キ エスキル パｒルル

彼らは誰のことを話しているの？

＊"parler de ＋ 人" で「〜について話す」の意味。たとえば Ils parlent de leur professeur.「彼らは自分たちの先生のことを話しています」の leur professeur の部分をたずねる形。

190　Boussole pour apprendre le français

何

先生♠ 「何」と問いかける疑問文をチェックします。ただし、「誰」と同じく形が変わりますし、単純形と複合形があるので、ちょこっと複雑です。

生徒♥ これまた、複雑なのですか？

先生♠ 下記の図を見てください。すとんと腑に落ちます……かしら？

疑問代名詞の作り方

	主語（何が）	直接目的語・属詞（何(を)）
単純形	×	**Que** ＋ 動詞 (V) － 主語 (S)？ ク
複合形	**Qu**'est-ce qui ＋ V？ ケ ス キ ＊動詞は3人称単数の活用	**Qu**'est-ce que (qu') ＋ S ＋ V？ ケ ス ク

＊主語の「何が」を問う Qu'est-ce qui は、うしろには動詞（3人称単数）が置かれます。ただし、単純形はありません。

＊「何を」とたずねる単純形 Que のうしろでは、主語と動詞の「倒置」が起こります。「何を」の Qu'est-ce que は母音または無音のhではじまる語が来ると qu' とエリズィオンされます。

生徒♥　例文をお願いします。

先生♠　了解です。いつものように「習うより慣れろ！」ですね。CDで耳に形をなじませる作業もお忘れなく！　なお、前置詞をともなうと quoi と形が変わります。

用例

(1)「何**が**」とたずねる場合（単純形はありません）

Qu'est-ce qui vient de tomber ?　ケスキ ヴィャンドゥトンベ

何が落ちてきたの？

＊"venir de ＋不定詞（inf.）"で近い過去「〜したばかり」の意味。(☞ p.103)

Qu'est-ce qui ne va pas ?　ケスキ ヌ ヴァ パ

何がうまくいかないの？

＊上記の2つの例文は、いずれも "Qu'est-ce qui ＋動詞（3人称単数）?" の展開。

(2)「何**を**」とたずねる場合（単純・複合の両形が可能）

Que cherches-tu ?　ク シェrルシュ テュ

＝ **Qu'est-ce que** tu cherches ?　ケスク テュ シェrルシュ

君は何を探しているの？

Qu'est-ce que vous aimez comme sport ?　ケスク ヴゼメ コム スポーrル

どんなスポーツが好きですか？

＊「あなたはスポーツとして何を好みますか？」が直訳。「Aとしては何が好き？」
　Qu'est-ce que vous aimez comme A ? は頻度の高い問いかけ。

(3)「何・何に」とたずねる場合（両形が可能）

Que devient-il ?　ク ドゥヴィヤンティル

＝ **Qu'est-ce qu'**il devient ?　ケス キル ドゥヴィヤン

彼は何になるのですか？

＊devenir「～になる」（英語の become）は venir と同じ活用をする動詞。

◆疑問代名詞 quoi を使った疑問文

前置詞 ＋ quoi ＋ V － S ？

De quoi parles-tu ?　ドゥ クワ パrル テュ

君は何について話してるの？

＊"parler de ＋物事"で「～について話す」の意味。なお、上記の文章は、Tu parles de quoi ? とか De quoi est-ce que tu parles ? いった語順も可。

疑問代名詞（複合形）の考え方

◆**疑問代名詞の複合形の仕組み（考え方）**（☞ p.246）

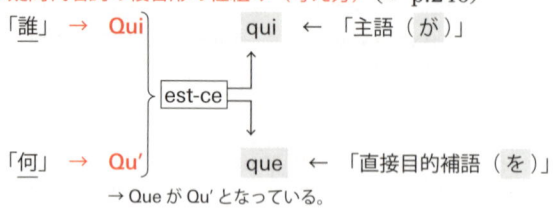

「誰」 → **Qui**　　　　qui　← 「主語（が）」

　　　　　　est-ce

「何」 → **Qu'**　　　　que　← 「直接目的補語（を）」

　→ Que が Qu' となっている。

Qui　誰（誰が、誰を）

Que　何（何を）

その他編25・26の復習は「練習問題で総まとめ」
（☞ p.⑪）で！

はじめて本書でフランス語を学習する方は
形容詞・副詞編 19（☞ p.150）へ

その他編

"中級への早道"
文型を知ろう！

　文法というものが金田一春彦氏の言うように、結局は「言葉の並べ方（つなぎ方）の決まり」であるとしたら、文章を作る意味でも、解釈のためにも、文型（フランス語の言葉の並べ方）になじむ意義はすこぶる大きいはずです。そもそも「早く効率よく言葉をマスターするための鍵」、それが文法なのですから。

　英語では5文型とされますが、フランス語の文章は、その長さに関係なく、以下の6つのタイプのいずれかに該当します。

＊この章はフランス語のカナ読みはありません。

▶基本6文型

(1) 文型1 主語（S）＋動詞（V） 〜は〜する

| S | V |

Pierre danse. ピエールは踊る（踊っている）。

| S | V | 修飾語（M） |

＊時や場所などを表す語（副詞）が付随していても文型には影響しない。

Pierre danse avec Marie. ピエールはマリーと一緒に踊る。

| S | V | M | M |

＊時・場所・様態等を意味する修飾語は増やせる。

Pierre danse avec Marie à l'Opéra. ピエールはマリーとオペラ座で踊る。

＊すべての文型に M をプラスすることができる。ただし、修飾語はいわば文章の枝葉と見なされ、文型（文章の幹）には影響しない。

(2) 文型2 主語＋動詞＋属詞（A） 〜は〜です

＊属詞は英語の補語にあたる。主語＝属詞の関係が成り立つ。

| S | V | A |

Pierre est étudiant.（Pierre ＝ étudiant） ピエールは学生です。

Pierre n'est pas étudiant. ピエールは学生ではない。

＊文の構成要素が問題なので否定文でも文型は変わらない。

Pierre est-il étudiant ? ピエールは学生ですか？

＊疑問文でも文型は変わらない。

▶基本6文型（続き）

(3) 文型3　主語 + 動詞 + 直接目的語（OD）　〜は〜を〜する

*動詞のうしろに前置詞を介さずに置かれる目的語。

| S | V | OD |

Pierre cherche Marie.　ピエールはマリーを探す（探している）。

| S | V | OD | M |　*修飾語は文型には、無関係。

Pierre cherche Marie depuis hier.　ピエールはマリーを 昨日から 探している。

(4) 文型4　主語 + 動詞 + 間接目的語（OI）　〜は〜に〜する

*動詞のうしろに前置詞を介して置かれる目的語。間接目的語を導く前置詞は à か de が大半、なかでも "à + 人" の形が重要。

| S | V | OI |

Pierre resemble à Marie.　ピエールはマリーに似ている。

(5) 文型5　主語+動詞+直接目的語+間接目的語　〜は〜を〜に〜する

*この文型に使われるのは、英語の授与動詞と呼ばれるもの。たとえば、donner「（物を人に）与える」、envoyer「（物を人に）送る」、montrer「（物を人に）示す」など。

| S | V | OD | OI |

Pierre donne ce dictionnaire à Marie.　ピエールはこの辞書をマリーにあげる。

(6) 文型6　主語 + 動詞 + 直接目的語 + 属詞　〜は〜を〜と〜する

*直接目的語＝属詞の関係が成り立つ。「〜を…と "思う trouver"、"信じる croire"、"見なす considérer"」など。

| S | V | OD | A |

Pierre trouve Marie intelligente.　ピエールはマリーを頭がいいと思う。
　　*OD = A であることから、Marie est intelligente.（2文型）が成り立つ。

かれこれ30年近く前、言語哲学者・丸山圭三郎先生は、黒板に長々とマルセル・プルーストの一文を引用されました。

<u>Je</u> venais d'<u>apercevoir</u>, dans ma mémoire, penché sur ma fatigue, <u>le visage</u> tendre, préoccupé et déçu de ma grand'mère, telle qu'elle avait été ce premier soir d'arrivée,（以下数行略）, je retrouvais dans un souvenir involontaire complet la réalité vivante.

　そして、力をこめて言われたのです。「この長々したひとつの文章が、結局は J'aperçois le visage.『私はその顔を認める』という"S＋V＋OD〈主語＋動詞＋直接目的語〉（文型3）"に還元できるものだと気づく力が必要です」。
　さまざまな修飾語句（枝葉）をとりさって、文章の幹を見抜く力はすきのない、本物の語学力を育てる大きな支えとなります。

ここまで覚えたい！　極めたい！

「文法の章」には組みこめなかった補足の話をいたします。前提となる文法がちゃんと頭に入っている方は、ぜひ、お読みください。

発音編

▶母音字の発音

「大切なのは理論よりも実践です」と言われますが、母音字の発音の仕方を感覚的な表現を交えて以下にまとめました。

　まず母音がきれいに発音できれば、子音はおのずとついてきますから（英語の場合は、むしろ子音の発音・消音が問題ですが……）。カナ読みを離れて（☞Q&A p.223）、フランス語に近い音を身につけたい方はぜひお目通しください。

＊音声学の説明が厳密すぎるとなにがなんなのか学習者にわかりません。たとえば、手もとの語学書から［ɛ］の発音を簡略かつ厳密に言葉で説明しようとしたいにしえの苦闘？の例を拾ってみます。
　「［a］の唇を其の儘にして置いて、舌側を上歯列に少し押しつける。日本人は同時に下顎を少し前に出すとよい」『仏蘭西語発音講話』（1935年）
　でもこの説明では、［ɛ］がそもそも日本語の「エ」に近い音になるという最小のポイントすら分かりません。

(1) 単独母音字

つづり	発音記号	音の出し方
a, à, â	[a] [ɑ]	日本語の「ア」とおおむね同じ音。

*[a] は日々、私たちが使う「ア」に近く、[ɑ] はそれよりは喉の奥で発音される「ア」で、伸びやあくびをする際の「ア〜ア」に近い。

e	[無音] なし	語末は無音か、下記の [ə]。
e	[ə]	唇を少し突きだすようにして「ゥ」を軽めに発音。
é	[e]	日本語の「エ」より口を狭く開き、「イ」に近く発音。
è, ê	[ɛ]	日本語の「エ」よりも口を広く開きます。

*2つの「エ」の厳密な区別は難しい。どちらも、日本語の「エ」で通じますが、あえて言えば [e] は私たちが使う「エ」に近く、[ɛ] は「エー、これからいくつか注意点を……」とか「エー、お笑いを一席」といった具合に、話を切り出す際につい口から出る「エ」に似た音。

i, î, y	[i]	日本語の「イ」よりも、鋭い音。唇の両端を左右に強く引きます。

*子供が顔をしかめて「イ〜ダッ」と反発するときの「イ」。

o, ô	[o] [ɔ]	[o] は日本語の「オ」よりも狭い音です。唇を丸め、前につき出して発音します。これは語末で使われる「オ」です。語末以外の位置で登場する [ɔ] は、日本語の「オ」よりも口を大きく開きます。

*ただし、これは厳密に区別しなくても、どちらも日本語の「オ」で通じます。

つづり	発音記号	音の出し方
u, û	[y]	舌先を下の歯の裏につけ、唇を口笛を吹くときのように丸めます。

*「イ」と「ウ」の中間音。日本語の「ユ」とは違うのですが…カナ表記は「ユ」で。無理に音価の似た「ユ」を日本語のなかから探すなら「結納（ゆいのう）」の「ゆ」に近い……かしら。

(2) 複母音字：全体で1個の母音を表します。

つづり	発音記号	音の出し方
ei, ai, aî	[ɛ] [e]	単母音字(1)の表の [ɛ]、[e] と同じ。
eu, œu	[ø] [œ]	[ø] は舌の位置を前方にし、唇を丸めて「エ」と発音します。[œ] は [ø] よりも舌の位置は後方、口の開きは広めです。

*「エ」「オ」の中間音で、説明的に書けば「エ」を発音しようとして「オ」を口に出した音となりますが、カナで書けば「ウ」ですね。ただ、後者は「ウァ」と聞こえなくもない音。

つづり	発音記号	音の出し方
au, eau	[o] [ɔ]	前出（☞ p.13）
ou, où, oû	[u]	思いきり唇を丸めて前につき出します。同時に舌を後ろへ引きます。喉の奥で音を出すようにします。

*遠慮せずに、唇を突き出して強く「**ウ**」という感じ。

つづり	発音記号	音の出し方
oi, oî	[wa]	[ォワ] と似た音です。

▶つづり字記号

アルファベに以下の記号を付して用いられる語があります。

(1) アクサン（記号）accent

母音字 a e i o u の上に，下記の3種類の記号（アクサンと呼ばれます）が付く語があります。（☞ Q&A p.224）

´	accent aigu　［アクサン テギュ］	é
`	accent grave　［アクサン グrラーヴ］	à è ù
^	accent circonflexe　［アクサン スィrルコンフレックス］	â ê î ô û

＊大文字で書く際には上記のアクサン記号は省いてもよい。

(2) セディーユ cédille

子音字 c の下に〈 , 〉を付けて、a o u の前に置かれた c を ［s ス］の音に変える記号として使われます。

例 ca ［ka カ］の読みが ça ［sa サ］となります。

＊大文字でも Ç と書かれ、セディーユを省略しません。

(3) トレマ tréma

母音字 e i u の上に〈 ¨ 〉の記号が付く語 ë ï ü があります（ただし、ü はフランス語本来の単語には使われません）。トレマと呼ばれる記号で、2つの母音字が並んでいる語（複母音字で1音で発音）を、各々の母音字を独立した音で読む符号（分音符）です。

例 ai ［ε エ］が、aï だと ［aj アイ］と二重母音になります。

(4) アポストロフ apostrophe

省略記号〈'〉(英語のアポストロフィ) のこと。

フランス語ではエリズィオン élision (☞ p.34) という現象のなかで母音字 a, e, i を省略する記号として使われます。

例 Qu'est-ce qu'il fait? (→ que + est-ce que + il fait)
l'eau minérale (→ la + eau minérale)

(5) トレ・デュニオン trait d'union

語と語を結び合わせる記号〈 - 〉(連結符、英語のハイフン)。たとえば、単語では「虹」l'arc-en-ciel [ラrルカンスィエル] などに、あるいは、疑問文などで主語と動詞 "il est" を倒置した形を示すために "est-il" といった具合に用います。なお、厳密には誤用ですが、tiret [ティレ] (印刷用語のダッシュ、ダーシ〈—〉) という語をトレ・デュニオンの意味で用いる人もいます。

▶半母音

生徒♥ 気づいたのですが、ou と書けば [ウ]、i は [イ] ですから、フランス語の「はい」Oui は [ウイ] のはずですが、実際には ou が小さめで、Oui [ゥイ] という感覚で聞こえてきますが……。どうしてなのでしょうか?

先生♠ 耳がいいですね。それは半母音のためです。

生徒♥ はんぼいん? ですか?

先生♠ たとえば、楽器 piano ですが、フランス語を聞けば [ピアノ]

というよりは［ピャノ］に近い音に聞こえるはずです。この p i+a という重なり（oui の ou＋i も同じ）、つまり連続する母音を〈ぴ pi・あ a〉とばらばらに切らずに、一息で読めば〈ぴゃ pja〉となり、片方の母音（この例なら「ぴ p［i］」）が弱まるからです。

これは"i,u,ou＋（発音される）母音字"のときに生じます。

例　cuisine　キュイジーヌ　台所、料理

発音記号で示せば、

イ［i］→ ィ［j］/ ユ［y］→ ュ［ɥ］/ ウ［u］→ ゥ［w］となります。

生徒♥　日本語で求人・転職情報誌で知られる「とらばーゆ」（travail［トラヴァーィユ］「仕事・勉強」）の -ail も同じでしょうか。

先生♠　そうです。「とらぢぁいる」とは読みません。il のつづりは、単独であれば［イル］と読みますが、"母音字＋il(l)"の場合には「ィュ」［j］と読みます。これはうしろの母音が弱まる例です。他にいくつか例をあげておきます。

　　soleil　　ソレィュ　　　太陽
　　famille　ファミーィユ　家族
　　œil　　　ウーィュ　　　（片方の）目（複数は yeux［ィユー］）

ただし、-ill が［イル］となる語がいくつかありますから注意が必要です。

　　mille　　ミル　　　　（数字）1000
　　ville　　ヴィル　　　町、都市
　　village　ヴィラージュ　村

名詞編

▶名詞の複数形

フランス語の複数は英語と原則同じ。つまり、

	単数	複数
単数 → 単数＋s	maison →	maisons メゾン
ー　　　ーs	家	家　*複数を意識すれば「家々」という訳。

これが通例の形。ただし、**この〈s〉は読まれない**点はお忘れなく!!

しかし、例外もあります。

(1) 語末が –s,-x,-z で終わっている語は〈s〉を添えない！ そのままで複数。

-s, -x, -z → 不変化　　fils → fils　フィス　息子
　　　　　　　　　　　prix → prix　プリ　　価格、賞
　　　　　　　　　　　nez → nez　ネ　　　鼻

*(×) filss, prixs, nezs は子音が重なり、たしかにいただけない感じ……ですよね。

(2) 語末が -eu, -eau で終わっている語は〈x〉を添えて複数に。発音は単数も複数も同じ。この〈x〉は読まれない！

–eu → ＋x　　cheveu → cheveux　シュヴ　髪
–eau → ＋x　　gâteau → gâteaux　ガトー　ケーキ

(3) -al で終わる語は -aux となって複数。このケースは単数と複数の発音が変化。

–al → -aux　　journal ジュrルナル → journaux ジュrルノー 新聞

▶無冠詞の livre「本」はどこにも存在しない！

もう一度、別な視点も交え、冠詞を見直しておきます。

初学者の方々を混乱させるかもしれませんが、フランス語を母語にしている人に聞きますと、「冠詞」が名詞につく「冠（かんむり）」だとする着想がそもそも妙だそうです。

（余白）　英語の例ですが、マーク・ピーターセンの『日本人の英語』の冒頭には、*Japanese* イングリッシュの秀作？　が例示されています。
　　　　　　　　　Last night, I ate a chiken in the backyard.
「私はパーティーでチキンを食べた」と言いたいのに（その際には、英語では冠詞は不要）、不定冠詞を添えたために猟奇的な文章になるという。*a* の存在１つで、「庭で鶏を１匹つかまえて丸ごと食べた」となるのだそうだ。著者は名詞に *a* を付けるのではない、*a* に名詞をつけるのだと言っています。そもそも冠詞は語源をさかのぼれば「関節」artus にさかのぼれます。骨があり筋肉があっても、冠詞＝関節が機能しないと文章は動かせないというわけです。

　たとえば、livre「本」ですが、冠詞なしの語は、辞書中に存在してはいても、実際には存在しない。つまり、"un livre（ある本／１冊の本）とか des livres（何冊かの本）" あるいは "le livre（その本）とか les livres（それらの本／本というもの）" の別はある。でも、livre というものはどこにもない。

　また、数えられない名詞を例にすれば、

un café　　１杯のコーヒー：注文の際などに使う

le café　　コーヒーというもの：好き嫌いで使う・総称

du café　　カップに入ったコーヒー：実際に飲食するときの表現

がそれぞれ存在してはいるものの、冠詞のない café はどこにもない。

つまり、冠詞（広い意味では名詞の標識語と呼ばれるもの）がないと、名詞単独では使えないのです。

例文を添えれば、こんな感じ。

> J'aime le café . ジェーム ル キャフェ
> 私はコーヒーが好きです。
> Je prends［Je bois］ du café . ジュプラン［ジュボワ］デュ キャフェ
> 私はコーヒーを飲んでいます。

生徒♥ 質問です。un café はどんなときに使われますか。

先生♠ 喫茶店で「コーヒーを1杯下さい」Un café, s'il vous plaît. と表現するようなケースで使います。

生徒♥ でも、café は数えられない名詞（不加算名詞）では？ 違いますか？

先生♠ たしかに、いわゆる物質名詞と言われて数えられません。数えられないという意味は、複数がないってこと。つまり、~~des cafés~~、~~les cafés~~ で、そんな言い方はない。でも、un café の un は数字「1」という感覚で使えます（言い換えれば、英語の *a cup of coffee* に相当する une tasse de café［ユヌ タス ドゥ キャフェ］→ un café で「1杯のコーヒー」です）。ともあれ、ポイントは、名詞は単独では存在せずに、冠詞を添えて、それなりのニュアンスを帯びて存在しているという点ですね。

というわけで、まとめれば、右のようになります。

不定冠詞	「とある」「ひとつの」
定冠詞	「その」「〜というもの（総称）」
部分冠詞	「（目の前の具体的な）ある分量」

　それと、気づいて欲しいのは、フランス語における名詞の存在の重量感です。名詞は、男性と女性とにわけられ、単数・複数を厳密に区別する。それを冠詞でさらに再認識する。いや、そうせざるを得なかった。

（余白）　フランス語の初期段階では、冠詞の使用範囲は限られていた。ところが、やがて単数・複数を区別する語尾の〈s〉が読まれなくなり、女性形語尾としての〈e〉（本来は〈a〉）が無音化していった。そうなると、冠詞はそうした消えた形態の作用に変わるものとして、重みを増していかざるを得なくなる。ちなみに、冠詞の使用がフランス語で定着したのは16世紀です。

　結果、名詞が新しい情報をもたらす場合は"不定冠詞"、すでに与えられた情報を反復したり全体を表すには"定冠詞"、数えられない名詞をある分量として認知するには"部分冠詞"が用いられることになった。よく引かれる例ですが、「古池や蛙飛びこむ水の音」の「蛙」はさて単数か複数か。日本語ではおよそ問題にならないことが（そして、それが問題視されないのが美点とも言えるわけですが）、フランス語訳するときには大きな壁になります。

▶ on について

　少し話を前に進め過ぎかもしれませんが、on について一言。

onは会話ではnousの代用になります（書き言葉としてはnousのほうが多く使われます。ただし、jeの代わりに論文でonを用いて、謙譲のニュアンスで使われるケースは少なくありません）。活用が il, elle と同じで、nous－ons となる形よりもフットワークがいい（言葉の経済性の高さ）からです。ただし、"on = nous"だけではありません。以下の用例をご覧ください。

on の用例

(1) Qu'est-ce qu'**on** fait ce soir ?　ケスコン フェ ス ソワーr ル

今晩、何をしましょうか？

＊on＝nousの例。「私たちは今晩何をしますか」が直訳ですが、on（主語）を表に出さずに「～しましょう」の言いまわしのなかにそっと包みます。

(2) En France, **on** aime bien manger.　アン フr ランス オネーム ビャン マンジェ

フランスでは食べることが好まれる。

＊on＝「（フランスにいる）人々」のこと。on が英語の *they* や *people* に相当するケースでは、「～られる（される）」と受け身の訳を施して、「人々は…する」という直訳を避けるとonの雰囲気が伝わります。

(3) **On** frappe à la porte.　オン フr ラップ ア ラ ポr ルトゥ

ドアをノックする音が聞こえる。

＊このonは「（不定の）誰かが」という意味。「誰かがドアをたたいている」とも訳せます。

形容詞・副詞編

▶形容詞の男性形と女性形の例外

＊原則　男性形＋e　→　女性形

　　petit　プティ　→　petit**e**　プティトゥ　小さい

原則はこのように、男性形単数に〈e〉をプラスすると女性形単数。しかし、これには以下のような例外もある。

	男性形	→ 女性形
・-e → -e（無変化）	rich**e** rリッシュ	→ rich**e** rリッシュ　金持ちの
・-er → -ère	lég**er** レジェ	→ lég**ère** レジェーrル　軽い
・-f → -ve	acti**f** アクティフ	→ acti**ve** アクティヴ　活発な
・-x → -se	heureu**x** ウrルー	→ heureu**se** ウrルーズ　幸せな
・語末の子音を重ねて〈e〉	gro**s** グrロ	→ gro**sse** グrロッス　太った
	bo**n** ボン	→ bo**nne** ボンヌ　良い
・特殊	long ロン	→ long**ue** ロング　長い
	blanc ブラン	→ blan**che** ブランシュ　白い

▶男性第2形を有する語

　母音で始まる男性単数名詞の前で、男性形単数・第2形と呼ばれる別形を持つ語があります。名詞の前に置かれる頻度の高い、以下の3つの形容詞です。

男性形（第2形）	女性形	男性形複数	女性形複数	
beau (**bel**)	belle	beaux	belles	美しい・きれいな
ボー　　ベル	ベル	ボー	ベル	
nouveau (**nouvel**)	nouvelle	nouveaux	nouvelles	新しい
ヌーヴォ　ヌーヴェル	ヌーヴェル	ヌーヴォ	ヌーヴェル	
vieux (**vieil**)	vieille	vieux	vieilles	古い・年とった
ヴィユ　ヴィエイユ	ヴィエイユ	ヴィユ	ヴィエイユ	

例 un **bel** homme　アンベロンム　美男子

*なお、美男子が複数いればde beaux hommes［ドゥボーゾム］となり第2形は使いません。あくまで、男性名詞の男性形単数の前で使うのが第2形の条件ですから。

動詞編

▶注意したい-er動詞

第1群規則動詞がフランス語の動詞全体の90％近くを占めているとは言え、活用がワンパターンというわけではありません。例外があります。つまり、つづりを変える必要のある語が存在します。

acheter［アシュテ］「買う」

74

*"-e＋子音字＋er"の動詞。eをèに!!☞p.225

j'ach**è**te	nous achetons	ジャシェットゥ	ヌザシュトン
tu ach**è**tes	vous achetez	テュ アシェットゥ	ヴザシュテ
il ach**è**te	ils ach**è**tent	イラシェットゥ	イルザシェッツ

préférer［プrレフェrレ］「〜の方を好む」

*"-é＋子音字＋er"の形をとる動詞。éをèに！

je préf**è**re	nous préférons	ジュ プrレフェーrル	ヌ プrレフェrロン
tu préf**è**res	vous préférez	テュ プrレフェーrル	ヴ プrレフェrレ
il préf**è**re	ils préf**è**rent	イル プrレフェーrル	イル プrレフェーrル

appeler [アプレ]「呼ぶ」

＊"-e＋l＋er" か "-e＋t＋er" の一部の動詞。ll, tt と重ねる！

j'appe**ll**e	nous appelons	ジャペル	ヌザプロン
tu appe**ll**es	vous appelez	テュアペル	ヴザプレ
il appe**ll**e	ils appe**ll**ent	イラペル	イルザペル

cf.「私の名前は〜です」"Je m'appelle ＋名前" で使われるのはこの動詞。

commencer [コマンセ]「始める」

＊-cer で終わる語の nous の活用で ç とつづる。ほかと音を揃えるため。

je commence	nous commen**ç**ons	ジュ コマンス	ヌ コマンソン
tu commences	vous commencez	テュ コマンス	ヴ コマンセ
il commence	ils commencent	イル コマンス	イル コマンス

manger [マンジェ]「食べる」

＊-ger で終わる語の nous の活用で -geons と〈e〉を添える。ほかと音を揃えるため。

je mange	nous mang**e**ons	ジュ マンジュ	ヌ マンジョン
tu manges	vous mangez	テュ マンジュ	ヴ マンジェ
il mange	ils mangent	イル マンジュ	イル マンジュ

▶第 2 群規則動詞（補足）

　下記の例を見てください。形容詞から動詞（〜になる・する）が派生します。その際の活用は finir と同じ第 2 群規則動詞になります。

---

grand　グr ラン	grand ＋ ir ＝ **grandir**　グr ランディーr ル
大きい	大きくなる、成長する
rouge　r ルージュ	rouge ＋ ir ＝ **rougir**　r ルージーr ル
赤い	赤くなる
riche　r リッシ	en+riche+ir ＝ **enrichir**　アンr リィシーr ル
裕福な	〜を裕福にする

　こうした形を知れば語彙も増えますし、単語も記憶に残りやすい。それともうひとつ。finir は、つづり字からわかりますように英語の *finish* に当たります（ちなみに choisir は *choose*、obéir は *obey* で、これも似ています）。この語尾の"-ish"（動詞接尾語）はフランス語の"-ir"（第 2 群規則動詞の語尾）と同根です。というわけで、英語の abolish は abolir［アボリーr ル］「廃止する」、demolish は démolir［デモーリ r ル］「取り壊す」、punish なら punir［ピュニーr ル］「罰する」にそれぞれ相当します（英語がフランス語を借用したからです）。ただ、これらは少々レベルの高い単語ですから、いますぐ覚えなくてかまいません。へ〜〜、そうなんだと記憶の片隅に置いておいてください。

▶時間

時間の表記は、大別すると＜24時間法（デジタル方式）＞と＜12時間法（アナログ式）＞があります。

24時間法（デジタル式）

Il est | A | heure(s) | B |.　A時B分です。

＊Aに1（une）～24（vingt-quatre）の数が、Bには59（cinquante-neuf）までの数字が入ります。

例　Il est |une| heure |dix|.　イレ ユヌールル ディス

　　1時10分です。

　　Il est |dix-sept| heures |trente|.　イレ ディセッタールル トrラントゥ

　17時30分です。（午後5時30分）

＊日本では乗物の時刻表示等で使われる24時間方式ですが、フランス人は普通にこの言いまわしで時間を言い表す。慣れないと意外に難しい。

＊Il est 17 heures 30. と書いてもかまわない。

12時間法（アナログ式）

Il est | A | heure(s) (et) | B |.　A時B分です。

＊Aに1（une）～12（douze）の数字を、Bにはデジタル方式と同じく59（cinquante-neuf）までの数字が入ります。したがって、大半は上記の表現と変わりません。

＊アナログ式で「1時15分」と言えば、午前も午後も表せます。この差を12時間法で明示するには、「午前の」du matin、「午後の」du soir などをつけますが、日常会話では午前・午後はおおむね文脈で決まっていますから、一般にはそうした語の添付は要りません。

例　Il est |une| heure |et quart|.　イレ ユヌールル エ キャールル

　　1時15分です。（＝ Il est une heure quinze.）　デジタル式

＊ et quart で "+$\frac{1}{4}$" という意味。60分の $\frac{1}{4}$ は15分。

Il est $\boxed{\text{deux}}$ heures $\boxed{\text{et demie}}$.　イレ ドゥズー r ル エ ドゥミ

2時半です。(= Il est deux heures trente.)

＊et demi (e) で "$+\frac{1}{2}$" のこと。

Il est $\boxed{\text{trois}}$ heures $\boxed{\text{moins dix}}$.　イレ t r ロワズー r ル モワン ディス

3時10分前です。(= Il est deux heures cinquante.)

＊以下、moins はマイナス「〜分前」の意味。

Il est $\boxed{\text{quatre}}$ heures $\boxed{\text{moins cinq}}$.　イレ キャトゥ r ルー r ル モワン サンク

4時5分前です。(= Il est trois heures cinquante-cinq.)

Il est $\boxed{\text{cinq}}$ heures $\boxed{\text{moins le quart}}$.　イレ サンクー r ル モワン ル キャー r ル

5時15分前です。(= Il est quatre heures quarante-cinq.)

Il est $\boxed{\text{midi}}$.　イレ ミディ

正午です。(= Il est douze heures.)

＊ちなみに、douze heures は deux heures と発音を混同し易い。

Il est $\boxed{\text{minuit}}$.　イレ ミニュイ

午前零時です。(= Il est vingt-quatre heures.)

こんな言い方を覚えれば、さらに表現の幅は広がります。

例　Il est six heures **juste**.　イレ スィズー r ル ジュストゥ

ちょうど6時です。

Il est **presque** sept heures.　イレ プ r レスク セットゥー r ル

だいたい7時です。

▶これも覚えておいて欲しい動詞活用

「動詞編」で扱わなかった動詞でも、大切な語が存在します。その活用形（第3群不規則動詞）を以下、一般の動詞活用表の縦軸と横軸を逆転させた図で提示いたします。こうすると活用の動きがよくわかるはずですから。

	je	tu	il	nous	vous	ils
メートゥル	メ	メ	メ	メトン	メテ	メットゥ
mettre 置く	mets	mets	met	mettons	mettez	mettent

	je	tu	il	nous	vous	ils
ヴォワーｒル	ヴォワ	ヴォワ	ヴォワ	ヴォワイヨン	ヴォワイエ	ヴォワ
voir 見る・会う	vois	vois	voit	voyons	voyez	voient

	je	tu	il	nous	vous	ils
コネートｒル	コネ	コネ	コネ	コネッソン	コネッセ	コネッス
connaître 知る	connais	connais	connaît	connaissons	connaissez	connaissent

＊3人称単数の connaît のつづりに注意。

	je	tu	il	nous	vous	ils
クｒロワーｒル	クｒロワ	クｒロワ	クｒロワ	クｒロヤイヨン	クｒロワイエ	クｒロワ
croire 信じる	crois	crois	croit	croyons	croyez	croient

その他編

▶70以降の数字

*まずは pp.182-183の数字をとくとご覧あれ。そして、CDを聞いてください。それがすんだ方は、以下をお読みください。

厳密に言えば、70以降の数字とそれまでの数字とは考え方が違います。節目の数をおさらいします（カナ読みははずしました）。

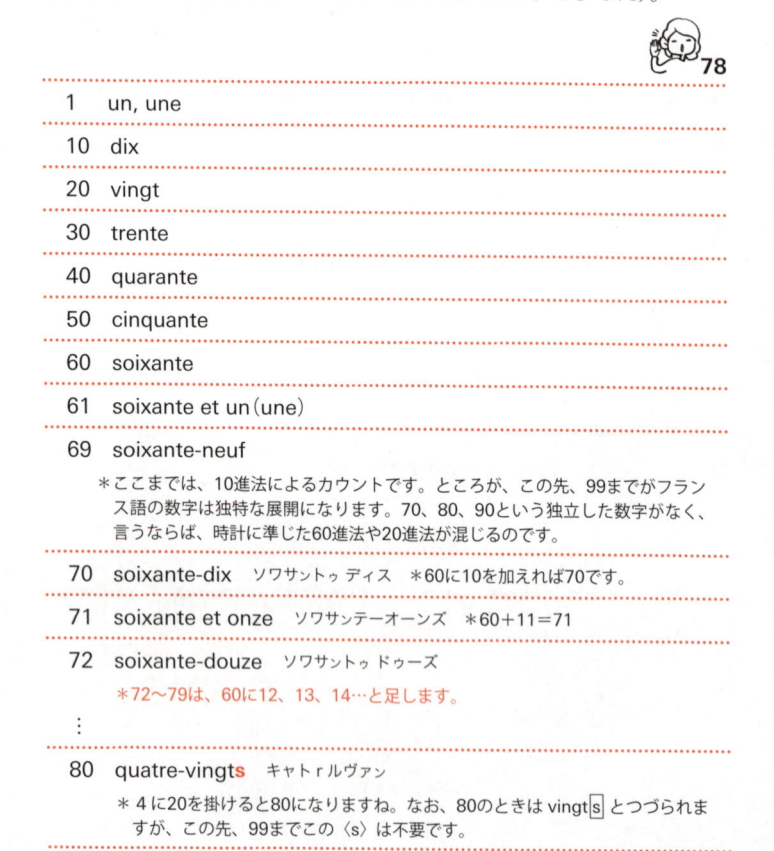

1	un, une
10	dix
20	vingt
30	trente
40	quarante
50	cinquante
60	soixante
61	soixante et un（une）
69	soixante-neuf

　　*ここまでは、10進法によるカウントです。ところが、この先、99までがフランス語の数字は独特な展開になります。70、80、90という独立した数字がなく、言うならば、時計に準じた60進法や20進法が混じるのです。

70	soixante-dix	ソワサントゥディス　*60に10を加えれば70です。
71	soixante et onze	ソワサンテーオーンズ　*60+11＝71
72	soixante-douze	ソワサントゥドゥーズ

　　*72〜79は、60に12、13、14…と足します。

⋮

80	quatre-vingt**s**	キャトrルヴァン

　　*4に20を掛けると80になりますね。なお、80のときは vingt⁣s⁣ とつづられますが、この先、99までこの〈s〉は不要です。

81	quatre-vingt-un(une)	キャトr ルヴァン アン（ユヌ）

＊あとは1〜19をプラス。

82	quatre-vingt-deux	キャトr ルヴァン ドゥ

⋮

90	quatre-vingt-dix	キャトr ルヴァン ディス
91	quatre-vingt-onze	キャトr ルヴァン オーンズ

⋮

99	quatre-vingt-dix-neuf	キャトr ルヴァン ディズヌフ
100	cent	サン

＊英語のセンチメートル centimetre, centimeter にはこの "cent" が生きています。なお、この先は1〜99までを加えます。

101	cent un(une)	サン アン（ユヌ）
102	cent deux	サン ドゥ

⋮

199	cent quatre-vingt-dix-neuf	サン キャトr ルヴァン ディズヌフ
200	deux cent**s**	ドゥ サン

＊200、300〜900まで切りのいい数字には〈s〉が書かれる。ただし端数がつくとこの〈s〉は付かない。（例　300 trois cents　303 trois cent trois）

⋮

1000	mille	ミル

　ふ〜〜、お疲れさまです。なお、1〜20までの数字はフランス語でも書けるようにしておきたいものです。もちろん、全部書けるに越したことはありません。とくに小切手（chèque）をフランスでお使いになりたい方は"算用数字＋フランス語による数字"が必須です。

▶序数詞

「～番目（の）」を意味する語が序数。建物の「階」（étage）やパリの「区」（arrondissement）を示すときなどに用います。「1番目（の）、第1の」を除いて、基数＋ième の形で。以下、10まで基数と序数を並べてみます。

	基数	（表記）	序数	
1	un, une	1er	premier	プルミエ
		1ère	première	プルミエール
2	deux	2^{e}	deuxième	ドゥズィエム
			＊second (e) ［スゴン（ドゥ）］という言い方もある。	
3	trois	3^{e}	troisième	トロワズィエム
4	quatre	4^{e}	quatrième	キャトリエム
			＊基数詞の -e を省いて＋ième	
5	cinq	5^{e}	cinquième	サンキエム
			＊cinq + u + ième	
6	six	6^{e}	sixième	スィズィエム
7	sept	7^{e}	septième	セティエム
			＊この p を発音する人は目から数字を覚えようとする人！	
8	huit	8^{e}	huitième	ュイティエム
9	neuf	9^{e}	neuvième	ヌヴィエム
			＊neuf の -f を -v にして。	
10	dix	10^{e}	dixième	ディズィエム

Q&A 放課後もおしゃべり！

もっと知りたい人へ
あるいは 人には聞けない質問をお持ちの方々へ

　"国際化"と叫ばれながら、大学や短大で外国語に割りふられる時間が減っています。この動きに合せて、参考書や教科書も痩せてきてます。本書は「入門・基礎」レベルの参考書ですから文法の全体像は示せませんが、それでも、簡略化のすぎたテキストとは一線を画したいと思っています。そこで、本書の内容を補足する意味のさまざまなバックアップや、あまりに当たり前で教室では触れられない事項、（意外に「まぁ、いっか……」とされがちなものを含めて）以下のページにまとめてみました。実際に学生から出された疑問・質問や試験の答案を見て感じること、知人との話のなかで出てきた難題等々を、本書の「発音編」「名詞編　動詞編　形容詞・副詞編　その他編」で扱った内容・項目順に整理したものです。

　なお、このQ&Aページでは、一部の補足箇所を除いて、カナ読み発音サポートを控えました。高度な内容を扱っている箇所に初心者マークは必要ないとの判断です。

── ✦ 発音編 ✦ ──

Q : 01

2ちゃんねるに、こんな書き込みがありました。「なんで大学の先生たちはフランス語の発音が下手なんでしょうか。多くの先生たちは完全にカタカナ読みですよね」。というわけで、先生にも大変なのですから、日本人にフランス語の発音は無理なのでしょうか？

A： いきなりのお言葉をいただきました。さすがに、返事に窮(きゅう)しますね……。

　一般論ですが、たしかに、年長者を中心にカタカナ読みの人たちがいないわけではありません。私事ですが、はじめてフランスの地を訪れたとき、"ああ、この人は意思疎通にまったく支障がないな、うらやましいな"と思えたＭさん（通訳のバイトをしていた方で、フランス滞在歴10年）も、立派なカタカナ発音でした。また、数々の参考書を書き、NHKラジオで長年講師を勤め、東京大学の教授でもあった大先生も、"ア・ラ・スメーヌ・プロシャンヌ" A la semaine prochaine!「また、来週！」というあっぱれなカナ発音でした。しかし、確実に相手に通じていましたし、誰よりも会話を楽しんでおいででした。

　少し固い話をすれば、そもそも、日本語は５つの母音と17の子音が「音素」（ある言語の話し手が、異なる音だと認識していることから区別・弁別される個々の音の最小の単位）を構成しているのに対して、フランス語では母音が16、子音が20あります。かなりの音素を私たちは容易に区別できない耳と口を持っています（ちなみにスペイン語は母音が５つ、子音が20ですから音を出すだけな

ら、苦労はずっと少なくてすみます)。したがって、どうしても自分の知って音に近づけたくなる。そのせいで、ついカナ読みということになるという理屈ですね。

　つまり、カナ発音は悪い、というわけではないと思います。でなければ、カナ読みのルビを採用している本書は、みずからの首を絞めていることになります。たしかに、中・上級者には、カタカナ・ルビに批判的な方がいることは知っています。でも、初級者には、発音サポートが視覚的にゼロなのはきつい。ここはr音だなとか、語末を読まないぞとか、ああ、これがリエゾンか、アンシェヌマンかと気づいてもらう意味からも。ただし、単語の真下にふられたルビだと、なかなかカナ読みから抜けられません。下手をするとカナ読み推奨ともなりかねません。というわけで、本書は、見にくいのを承知で、フランス語の隣に、ときには訳語をはさんだ形でルビをふりました。

Q:02

アクサンのついた文字はそのまま覚えましょうと言われますが、たとえば é と è、それに ê の文字はどう違うのか、理由はあるのですか？

A：　理屈を考えずにとにかく覚えましょうというあり方は、乱暴ではありますが、多くの学習者にとって有効です。細かな理屈は邪魔という方が大半だからです。ただ、あなたのように理由が知りたいという意見も、ごもっとも。

　まず、à ですが、このアクサン記号は、たとえば "la（定冠詞：女性形単数）と là（英語の *there* の相当する、場所を表す副詞)"

の同形異語を区別するためのもので、発音に影響しません。でも、éは［e］「エ」の音で読まれ、èとêはカナ書きでは同じなのですが［ɛ］「エ」の発音になります。山形のアクサン＾（アクサン・スィルコンフレックス）は歴史的にその後にあった〈s〉が省かれた印になっています。たとえば、forêt（→ forest）「森」、île（→ isle）「島」など。なおùの文字を使うのは英語の where に相当する où という語だけ。英語の接続詞 *or* に相当する ou との混同を避ける意図から使われます。

Q:03

アクサン記号を書くときの注意点があれば教えてください。

A: いままでの経験にそって記しますが、îのつづりをiの文字の上に山形を乗せて書く人がいますが、" ˙ "を" ＾ "に置きかえるのですから重ねては駄目です。また、"à、â"という文字はありますが、〈á〉はありません。それと、père「父」、mère「母」を pére、mére と向きを間違えたり、pere、mere とアクサンを書き忘れるミスもしばしば目にします。フランス語では、〈é（e）＋ 1 子音字 ＋ e〉というつづりで終わる単語はありません。かならず〈è（ê）＋ 1 子音字 ＋ e〉となりますから、ご注意ください。

Q:04

アルファベの〈e〉の文字を単語のなかでどう読むのか、発音が複数あるので、その区別が整理できていません。

A： おそらく、フランス語の単一文字のなかで読みに苦労する代表と言えばこの〈e〉でしょう（rも面倒ですが、これは〈r音〉が出せるかどうかが問題ですが、複数の読みが混在してはいません）。

〈e〉の読みの区別は以下の4通りです。

(1) 語末では発音されません。

> 例 **salade** ［salad］ サラッドゥ 「サラダ」

> ＊最後は de ［d］ ですから、e は無音です。ただし、d という子音だけを単独で発音することは……できません。軽く、かすかに〈ゥ〉の音が出てしまいます（本書は無音でも、この〈ゥ〉をカナ読みに添えている）。その音にならない「かすかな〈ゥ〉」を心持ち強く読めば、下記の［ə］ゥになります。

(2) 音節（☞ p.228）の最後なら［ə］「ゥ」。

> 例 **petit** → pe-tit ［pəti］ プティ 「小さい」

(3) 音節の最後が子音で、その子音が発音されないときは［e］「エ」。

> 例 **nez** ［ne］ ネ 「鼻」……z は発音されない。

(4) 音節の最後が子音で、その子音が発音されるときは［ɛ］「エ」。

> 例 **mer** ［mɛr］ メーrル 「海」……r は発音される。

Q：05

ai を［エ］、ou を［ウ］など、どうして2文字を書きながら読みがひとつになるのか、そのわけを知りたいのですが……。

A： 日本語や英語には口の緊張がゆるんだ母音があります。でも、フランス語の母音は口の緊張感が高いものがほとんどです。一般に「張り母音」と呼ばれています。したがって、ai を「ア」「イ」と2度母音を重ねて読むと疲れます。それが "a「ア」＋i「イ」→ ai「エ」" という不思議を生んだ原因でしょう。ちなみに「ア」

＋「イ」を日本語より緊張した調子で何度か繰り返し、徐々にスピードを加速していってみてください。どうです、あら不思議……「エ」に似た音になりませんか……？

Q:06

hには「無音」と「有音」があるそうですが、どちらもhは読まないのに音ありとなしがあるわけですか？

A: どちらも発音されないというのは、ご指摘の通り。子音字hは現代のフランス語では発音されません。ただし、文法上の区分があります。"無音のh（ミュエ muet）"と"有音のh（アスピレ aspiré）"の別です。前者はhの存在をないものとみなすのに対して、後者は子音字hの存在をしっかりと意識する、その差です。

"有音のh"は、子音字を意識しますから、前に置かれた語とのつながりを切ります。たとえば、「英雄」héros に定冠詞を添えれば le héros です。無音のhの「ホテル」hôtel が l'hôtel となるように、l'héros（×）とエリズィオンはされません。h は読まないのですが、c, d, f などと同じく子音字として意識されるからです。複数の「英雄たち」les héros なら、読みは［レ エロ］となり、s と é の音のつながりは遮断されます（音をつなぐリエゾンの読み、［レゼロ］（×）とはならない）。なお、多くの辞書では、"有音のh"には単語の頭に†のマークがついています（発音記号の頭に'の印を付けている辞書もあります。例：héro [\`ero]）。フランス語史をさかのぼれば、"無音のh"はラテン語の系列に連なる語、"有音のh"はゲルマン系の語に多く見られるようです。

Q:07

音節って何ですか？

A: 原稿用紙の行頭に句読点は書かない（禁則）！ 学校の作文の授業のときに習いましたね。それと同じで、フランス語を書き進めていって、改行する際、長い単語を途中で切りたいときに、勝手に切ってしまうわけにはいきません。たとえば、intelligent「知的な」という形容詞ならば、in-tel-li-gent と4分割はできますが、これを i-ntel と切ったり、5つや6つに勝手に切り分けはできません。これが音節です。

つまり、**音節は1つの母音か、母音をはさんでその前後に1つか2つ（以上）の子音がついたかたまり**を指します。「音声学上の分け方」と「つづり字（正字法）の分け方」とがありますし、細かに言えば複数にいくつも分類できますが、ここではごく簡単に、いくつかの語句を例に、音節に切ってみたいと思います。

animal → a-ni-mal ［ア・ニ・マル］ 動物

maison → mai-son ［メ・ゾン］ 家

＊(×) ma-i-son ［マ・イ・ソン］とは読まないし、切れない。複母音字 ai を1つの母音と見なすため。

important → im-por-tant ［アン・ポrル・タン］ 重要な

＊rt と2つの子音字が重なったときには、その間で切ります。ただし、複子音字の ch, ph, ch, th, gn は1字として扱います。 例 téléphone → té-lé-phone

Q:08

開音節・閉音節ってなんですか？

A： 日本人は意識するしないにかかわらず、音節は母音で終わると思っています（p.35で触れた、哲学者 Sartre の例を思い出してください）。この我々になじみのある、母音で終わる音節が「開音節」です。しかし、フランス語には数多くの母音で終わらない「閉音節」があります。この違いは〈e〉の発音で読みの差を生むもので、なかなか理解しにくいルールです。

〈e〉のうしろに子音字なし「開音節」：無音あるいは小さく［ゥ］

例 **menu** → me-nu ［ム・ニュ］ 献立、定食

＊英語につられて「メニュー」とは読まない。

〈e〉のうしろに子音字あり「閉音節」：「エ」

例 **merci** → mer-ci ［メｒル・スィ］ ありがとう

＊もちろん「ムｒルスィ」ではない。

Q:09

音引きについてお聞きします。たとえば、「薔薇」rose に［ロズ］とカナがふられた参考書と、［ローズ］と読みのふられた辞書を持っているのですが、この差はどうしてなのでしょうか？

A： そもそもカナ発音表記には問題があります。可能なら発音記号になじんでください。ただ、初級者に後者を強要するのでは語学への関心を失いかねません。未習の記号になじむのは大変ですし、無味乾燥で、退屈ですもの……。

その点を踏まえて申し上げますが、フランス語は原則、音引き（長音）で語句を分けません。Paul は「ポル」でも「ポール」と発音しても同じです。ただ、アクセントを持つ最後の音節が子音で終わる際、その音節の母音は長めの発音になります。とくに「rル」や「ジュ」「ズ」「ヴ」の前です。

> **例** **Bonjour** ［ボンジュ ー rル］　おはよう、こんにちは
> **orange** ［オ r ラン ー ジュ］　オレンジ
> **rose** ［rロ ー ズ］　バラ
> **rive** ［rリ ー ヴ］　（川などの）岸、岸辺

　上記を意識的に採用するかしないかという差が、カナ読みの表記の違いを生んでいます。

Q：10

「リエゾンしない」ケースを教えてください。

A：　箇条書きでまいりましょう。

⑴ 有音の h のとき

　h を子音字と見なすのですから、「インゲン豆」les haricos［レ ア r リコ］です。s 子音と h 子音はリエゾンしません（つまり［レ ザ r リコ］とはならない）。

⑵ 接続詞の et と次の語

　「辞書と本」un dico et un livre［アン ディコ エ アン リーヴ rル］となり、et un を［…エタン］とリエゾンしません。これは動詞 être の 3 人称単数の現在形の活用 est との混乱を防ぐ意図からです。

Q： *Time is money.* をフランス語に訳したら、Le temps, c'est de l'argent. となるそうですが、どうして英語のようにシンプルではないのでしょうか？

A： まず冠詞に注目！　英語は無冠詞ですが、フランス語は冠詞が添えられて、極めて説明的・論理的に展開します。"le temps「時間（という概念）」"は "de l'argent「（若干量の）お金」に相当する"、定冠詞と部分冠詞の見事なハーモニーです。

　さて、これを英語と同じように "主語＋動詞＋属詞（英語の補語）" として、Le temps est de l'argent. と並べてもいいのですが、これはフランス語のリズムとしてよろしくない。

　つまり、Le temps , c'est de l'argent. と受けかえるとフランス語らしい形。

　「時間、それってお金です」となるわけです。

　ちなみに、諺、Voir, c'est croire.「見ること、それは信じること→百聞は一見にしかず」も同じリズム。それはなぜか、Le temps est de l'argent.（あるいは Voir est croire.）を耳で聞くと le temps et de l'argent「時間とお金」（あるいは voir et croire「見ることと信じること」）と聞き取られかねないから。つまり、動詞 est と接続詞 et が似ているせいです。

(3) 単数名詞＋形容詞

「イギリス政府」le gouvernement anglais の "-ment | an-" はリエゾンはしません。［ル　グヴェr ルヌマン　アングレ］で "タングレ" とは言いません。これは「形容詞＋名詞」のパターンは数が少

なく、リエゾンするケースが決まっていますが、「名詞＋形容詞」は数が膨大でこれをリエゾンすると意味不明になる可能性があるからです。

⑷ 主語（名詞）＋動詞

「主語（代名詞）＋動詞」はリエゾンしますが、代名詞でない主語と動詞は音をつなぎません。Paul a une voiture. は［ポール ア ユヌ ヴォワテューｒル］で、出だしを［ポラ……］とつなぎません。誰が主語なのか聞いていてわからなくなりますから。

なお、いささか気どった会話（詩の朗読などを含む）ではリエゾンは多くなり、くだけた会話であればリエゾンは少なくなります。

Q：11

elle はつづりは短いし、使用頻度も高いのに、どうして ce や le や que と同じようにエリズィオンしないのか、なんだか不思議なのですが……

A： elle est を ell'est と書いている答案にぶつかると、正直、がっかりしますが、一方で、ce であれば c'est となることを考えれば、授業中に説明不足があったかと反省もします。elle と ce を発音記号で比べてみれば、[ɛl] と [s(ə)] です。je は [ʒ(ə)]、le は [l(ə)] となります。お分かりでしょうか、elle の語末の e は無音ですが、ほかは無音ではありません（カナ読みでいささか力技の説明をするなら、elle［エル］に対して、ほかは ce［ス（ゥ）］、je［ジゥ］、le［ルゥ］となっているのです）。無音は、母音字省略つまりエリ

ズィオンの対象外です。

Q：12

フランス語のr音がどうしてもでません。でも日本語のラ行では通じないと言われます。どうしようもないですか……？

A： r音の出し方は本書のp.20を見てください。出せるかもしれません。ただ、喉の具合か、あるいはおしとやかな性格のためなのか、がんばってもr音が出せない人がいるようです。では、フランス語を諦めるしかないのか？ そんなことはないはず。〈r〉を日本語の「ガ行」を喉に飲みこむ感覚か、あるいは「ッ」の音（促音）で読もうと意識してみる。それで、通じるはずです。

たとえば、Bonjourのような単語の最後の〈r〉は、うまく響かなくてもそんなに問題ではありません。いや、むしろ極端な〈r〉音は耳障りです。でも、たとえば「シャーベット」sorbetを「ソルベ」と日本語の〈r〉で読んでも99％通じません（自身のフランスでの苦い青春時代の思い出！）。「ソ r ル ベ」の音でないと。しかし、その音がどう頑張っても出せない。それなら、「ソ（グ）ベ」か「ソッベ」と読む。あるいは、r音を抜いて「ソ○ベ」とする。どうしても無理なら、練習しても出ないのなら、この方法がお勧め。そしてこれを意識的に続けていますと、あら不思議！ r音がいつの間にやら……ほら、出ています。

Q： 後末のr音が弱めなだけでなく、単語内にあってもときに強く、ときに弱くr音が響く気がするのですが……？

A：　耳がいいですね。おっしゃるように、r音が強く、はっきり聞こえるケースと弱い音になるケースがあります。Pari_s［パr リ］と Me_rci［メ r ルスィ］の2つのr音、つまり「r リ」と「r ル」は文字の大きさに微妙に違いがあります。前者は、rの文字のうしろに母音iが、後者は子音cが来ていますね。つまり、一般に、"r＋母音"のときは、はっきりr音が発音され、うしろに母音がなければ弱めに発音されます。

Q：13

教室で発音を直されてばかりで、何度も悔しい思いをしています。教えてください。フランス人の苦手な発音ってありますか？

A：　妙なリベンジに手を貸すのは気が引けますが、フランス人は、日本語の「おばさん」と「おばあさん」、「病院」と「美容院」の区別が難しいようです。「おばさん」「おばーさん」と長音にするのが苦手な人が多いためです。それとhの読みですね。たとえば、英語の例ですが、"*What does he have?*"をフランス語を母語とする人が読むと［ワットゥ・ダズ・イ・アヴ］という音に聞こえます。それと、aiを「アイ」「エイ」と読む、二重母音（重母音）が苦手な人が多いようです。

✦ **名詞編** ✦

Q：14

名詞の男女の別が決まっているのは、自然の性を持つ père「父」や mère「母」、それに国の名前の"-e"による見分け（☞ p.37）以外にはありませんか。

A： 名詞の男女が決まっている語はあります。たとえば、都市の名は大半が「男」と決まっています。通常は、冠詞を添えないのでわかりませんが、たとえば「私の東京」と言いたいなら、所有形容詞をつけて mon Tokyo（ちなみに、フランス人は Tokio と書く人もいる）です。また、数字は男性名詞と決まっていますし（ですから日付は le 14 juillet 2010「2010年7月14日」と定冠詞の le が使われます）、金属・樹木も男性名詞。同じく、季節、曜日、方角も男性名詞になります。

　単語の語尾からも男・女の別はある程度類推が可能です。子音字で終わっている単語は多くが「男性名詞」。-e で終わっていれば70％以上の語が「女性名詞」になります。

　また、動詞から"行為を表す抽象名詞を作る"-sion, -tion, -aison, -xion といった接尾辞をもつ語は、女性名詞。同じく抽象名詞語尾の -eur は女性名詞になりますが（例 chaleur 女「暑さ」、valeur 女 価値）、人を表す際の -eur は男性名詞（女性名詞は -trice, -euse となる）（例 chauffeur 男「（職業的）運転手」、travailleur 男「労働者」）です。-ment で終わる名詞（副詞もあるので注意）あわせて -ou で終わる名詞は男性です。

(235)

Q : 15

同じつづり（語形）の名詞でも、性が両方にまたがっている名詞があるそうですが、たとえばどんな単語ですか。

A : un livre は「本」ですが、これを une livre とすれば「500グラム」という単位を表す語になります。また、le Tour de France は日本人選手の参戦で盛りあがりつつあります「（自転車競技）ツールドフランス」のことですが、同じ tour でも「タワー」の意味であれば女性名詞。「エッフェル塔」は la tour Eiffel です。なお、同じ性でも、意味が大きく異なる語もあります。たとえば bière がそれ。「ビール」の意味でも「棺桶、棺（ひつぎ）」の意味でも同じつづりの女性名詞（語源をさかのぼれば、前者は古典ラテン語の bibere「飲む」から、後者はフランク語の bëra「担架」から）。したがって、文脈なしの単語だけの話なら、une bière は「1杯のビール」とも「ひとつの棺」とも訳せることになります。ただし、後者は文章語（古語）ですから、ふつうは un cercueil「棺、柩」という語を用いて「ビール」と区別しています。

Q : 16

professeur「先生」には女性形がないのでしょうか？

A : はい、男の先生も女の先生も、どちらも professeur です。たしかに「職業」や「身分」を表す語は男性名詞と女性名詞が異なる語が多々あります。avocat は「（男性）弁護士」、avocate なら「（女性）弁護士」（辞書には女性にも avocat を用いるとあります。た

だ私事ながら、フランス人の女性弁護士にavocatを用いて話しかけたところ、毅然とOui, je suis avocate.と〈e〉を添えて言い返された経験があります)、また、chanteur「(男性)歌手」に対してchanteuseで「(女性)歌手」です。でも、「先生」professeurや「医師」médecinは男女ともに無変化です。ただ、professeureと女性形を用いるケースも徐々に増えつつあるようです。

Q：17

tuとvousが単数・複数の別ではなく、tuは相手が1人のとき、vousは相手が1人でも複数でもかまわない、ここまではわかります。でも、「親しさの度合い」で使い分けられるという抽象的な分岐点がどこにあるのか、どうもしっくりこないのですが……。

A：　たしかに、「君」「あなた」という訳語の違いでそれをとらえるのでは、なかなか微妙な線引きの具合が見えにくいですね。こう考えてみたらいかがでしょうか。**日本語で話すときに、あなたが、敬語を使って「～です（ます）」で話しかける相手ならば、フランス語ではvousを使うという理解でいかがでしょうか。**

Q：18

英語は *I am **a student**.* なのに、フランス語はJe suis **étudiant(e)**.と冠詞が不要です。この違いはなんでしょうか？

A：　難しい質問ですね。英語でも、*We elected him chairman.*「彼

を議長に選出した」とすれば、無冠詞ですね。つまり、英語では、5文型の補語の位置に「役職」「官職」が置かれると無冠詞になります。これが、フランス語の場合には「職業」「身分」を表す名詞にも拡張されます。ドイツ語・オランダ語・スペイン語・イタリア語でも同じ。無冠詞の名詞は形容詞化されていると考えられます。

Q:19

Je suis un étudiant. / Je suis une étudiante. とするは間違いですか？

A: 自分の一般的な「身分」を言うのに（厳密には、学生は「職業」には分類されません）、英語からの類推で、不定冠詞を入れたとしたら正しくありません。ただ、この文が存在しない、存在できないという意味ではありません。たとえば、大学のキャンパス内にいて、「ボクは（この大学の）学生です」と言いたければ、上記の文章が妥当です。つまり。「この大学に通っている、学生の一人」という含意が、不定冠詞の存在から伝わることがあるからです。

✦ 動詞編 ✦

Q:20

いっそ、フランス人に生まれればこんな苦労はしなくてすんだのに！動詞活用が面倒で、そんな気分です。

A： これはわがままか、自暴自棄で、質問ではありませんね（苦笑）。ただ、気持はわかります。わかりますが、それでいいのでしょうかね。フランスに長く滞在した小島亮一という方が、『日本人であること』のなかでこう言っています。「日本人であるわたしがフランス語をやることの有用性は、わたしが日本人であるからこそ意味があるので、これがフランス人に生まれ変わったのでは、ただフランスの人口が 一人ふえただけで、なんということはない」。

Q：21

つい主語・動詞なしで単語だけで話しかけてしまいます。そのたびに、フランス人の先生に叱られています。これなんとか治せますか？

A： んん〜〜、医者じゃないから、無理です……ね。でも、今一度、言葉の頻度を意識してみたらどうでしょうか。いきなり、クイズですが、英会話に使われている言葉で、一番頻度の高い語は何だと思いますか？ *the* ですか *of* でしょうか？ たしかに、書き言葉ならそうした語がトップのはずですね。でも、H.Dahl という学者が100万語を調べ尽くした結果、日常の英会話で一番頻度の高い語、ナンバーワンは、"*I*" だそうです。実に、平均すると16語しゃべるたびに「私は」が、口から出る計算だそうです。もちろん、この主語の *I* のうしろには、動詞が置かれますね。ということは、「主語と動詞」を欠くのがいかに不自然なことか。フランス語のデータが手もとにないので、はがゆい限りですが、フランス語でも je ではじまる文の会話での頻度は抜群なはず！ ということで、ぜひ、自分のことを相手に伝える文章を意識的にためこんでいかれたらい

かがでしょう。

Q:22

直説法ってなんですか？

A: 否定・肯定・疑問の別なしに、話者が事実をそのまま口にする動詞活用で、読んで字のごとし、"直に説明する法"（法とは、情報を伝える方法、ものの言い方）と呼ばれます（時折、直接と誤植されている本に出会います）。現在・過去・未来にまたがる「時」を備えています。英語で単に現在形と呼ばれていますが、これは「直説法現在」のことです。

Q:23

新たな動詞がフランス語に導入されるとき、どのようになりますか？

A: 第1群規則動詞になります。19世紀後半の話ですが、「電話をかける」とか「写真を撮る」という動詞 téléphoner, photographier が新たに創造されました（ただし、"既存の動詞＋名詞"〈"donner un coup de téléphone" とか "prendre une photo"〉のパターンでも同じ内容が表せます）。新しいところでは、「ファックスで送る」faxer やパソコン用語の「コンピューターで処理する」informatiser、「初期化する」formater など続々と新語が生まれています。つまり、-er 動詞（第1群規則動詞）は新語を創る便利な手段でもあるわけです。

Q:24

第2群規則動詞は全部でどれぐらいの語数ですか。わざわざ規則動詞と分類するぐらいですから、数語だけじゃないですよね。

A: この規則動詞については p.214 でも補足説明をしていますが、たしかに、現在の教科書では、せいぜい finir「終える」、choisir「選ぶ」、réussir「成功する」、obéir「従う」それに bâtir「建てる」といった語が例として載っている程度ですから、規則動詞としてひとまとめにくくられた効能が薄いかに感じられます。でも、agir「行動する」、établir「設置する、確証する」、nourrir「養う」等々、全部で300語ほどはあります。これ、あなどれない数字ですね。また、partir「出発する」、sortir「外出する」、sentir「感じる」、servir「（料理などを）出す」（英語の *serve*）など同じ -ir の語尾でありながら、第2群にカウントされない動詞の数は28語。ただし、現在ではほとんど使われない quérir, choir といった古い語を含んだ数字です（付記すれば、-oir の語尾を持つ動詞が17語、-re で終わるものはだいたい50語だそうです。言語学者 F. Brunot の計算による）。ただ、単純に日常会話などでの頻度という観点からすると、第2群規則動詞の -ir より、不規則の -ir を耳にします。

Q:25

-dre のつづりで終わる動詞は2つの活用形のパターンがあるのですか？

A: はい、p.115で扱った prendre 型のほかに entendre 型の動

詞があります。横並びで現在形の活用を見比べて見ましょう。

	je (j')	tu	il	nous	vous	ils
prendre	prends	prends	prend	prenons	prenez	prennent
entendre	entends	entends	entend	entendons	entendez	entendent

　お分かりですか。prendre が語幹が3種、prend-, pren-, prenn- ですが、entendre「聞く、聞こえる」は1つ、entend- だけです。

　前者の活用になるのは apprendre「学ぶ」、comprendre「理解する」などで、"接頭辞＋ prendre" となる動詞。後者はそれ以外の -dre で、attendre「待つ」、perdre「失う」、rendre「返す、〜を…にする」などが直説法現在で同型の活用パターンをとります。

Q：26

非人称の "il faut + inf." を否定すると「〜してはならない」という禁止になるそうですが、「〜する必要はない（するには及ばない）」と表現したいときはどうしますか。

A：　英語の助動詞 *must* が否定されると「禁止」になるように、falloir「〜しなければならない」（"il faut + 名詞" だと「〜が必要である」）の否定文は「〜してはならない」の意味になります。たとえば、Il ne faut pas fumer ici. は「ここでは、煙草を吸ってはならない」の意味。では、英語の *need to do, have to do* の否定に相当する形はどうなるか。その際には "Ce n'est pas la peine (de + inf.)"「（〜する）必要はない、それには及ばない」という表現が使われます。

(242)

✦ 形容詞・副詞編 ✦

Q：27

形容詞の置き位置によって（名詞の前かうしろかの別）、意味が変わるケースがあると聞きましたが……

A： はいあります。たとえば、pauvre や brave のこんな例。

un homme pauvre	貧しい男
un pauvre homme	哀れな男
un homme brave	勇敢な男性
un brave homme	善良な男性

　なお、通常は、名詞のうしろに置かれる形容詞が名詞の前に置かれれば意味が強調され、話者の感情が色濃く反映します。

Q：28

色を表す形容詞で変った語を見つけました。des cravates orange「オレンジ色のネクタイ」と書かれていました。orange「オレンジ色の」ですが、複数形にならないのですか……。

A： かなり高度な質問ですね。基本を確認しますと、たとえば noir「黒い」（男性形単数）は女性形単数は noire、男性形複数は noirs、女性形複数は noires となります。ところが、無変化の形容詞があります。ご指摘の orange や marron「栗色の」などはどんな名詞を形容しても形が変わりません。単数も複数も同じなのです。また、複合語で「色彩」を表すケースも、無変化です（例：une robe bleu foncé「濃紺のワンピース」)。これは「色を表す形容詞」ですが、名詞とは独立した単独の要素（客観的な表現）として置かれるからと文法書などには説明されていますが……不思議な現象ですね。

Q:29

英語の所有格 *my, your, his* とフランス語の mon, ton, son の差異、とりわけ *his* と *her* の別がないという説明がしっくりきません。

A:　たしかに。片方にあって片方にない、妙な違和感はありますね。

　品詞を考えて欲しいのですが、所有格 *my, your, his* は代名詞です。*I – my – me – mine* と覚えるのも品詞が代名詞で揃っているからですね。でも、フランス語の mon, ton, son は代名詞ではありません。形容詞です。形容詞は名詞の性・数の影響は受けますが（言い換えれば、所有物の「性」「数」を問題にするわけです）、所有者の性を問題にしません。たとえば、"男性（＝彼）が持っている「自動車」"であっても、"女性（＝彼女）が持っている「自動車」"であっても、所有形容詞で問題になるのは voiture という語が女性名詞であるという点。だから sa voiture です。お分かりですか？

Q: sa clé が「その鍵」と訳された例を見かけたのですが、これは誤りではないでしょうか。

A: 文脈は分かりませんが、あり得ます。つまり son, sa, ses（3人

称単数の所有形容詞）なら、英語の *his key, her key* とともに *its key* を包括しているからです。たとえば、la clé de sa valise「彼のスーツケースの鍵」が話題になっているとしたら、「その鍵」は sa clé となりますから。ただし、ここからは少しうるさい説明ですが、sa clé は「彼の鍵」あるいは「彼女の鍵」が通例の理解です。ですから、*the key of his suitcase* の意味で *I don't find its key.*「その鍵が見つからない」とした英語を、Je ne trouve pas sa clé. とフランス語にそのまま直訳するのは誤解のもとです。本書では扱っていませんが、中性代名詞と呼ばれる en（→ de sa valise）を用いて、Je n'en trouve pas la clé. とするのが一般的な表現でしょう。

Q:30

日本語には「君のそのワンピースかわいいね」と「君の」と「その」を重ねる言いまわしがありますが、フランス語はどうですか。

A： たとえば、"ta cette robe"「君のそのワンピース」と所有形容詞と指示形容詞を重ねる語法はありません。冠詞・指示形容詞・所有形容詞は名詞の前に置かれる短い語で、名詞標識語（限定詞あるいは名詞導入語）と称されますが、これは重複しては使えません。英語も同じですね。

━━━━━━━━━━━━ ✦ **その他編** ✦ ━━━━━━━━━━━━

Q : 31

ce と est で c'est「それは〜です」になりますが、ce と arbre「木」は c'arbre ではなく、cet arbre「その木」となりますが……、どうしてでしょうか？

A : そうですね。"ce ＋母音字"の箇所をクローズアップして見ていると、矛盾しているように感じるかもしれません。でも、例に出されたふたつの語は別ものです。つまり、c'est となる ce（指示代名詞：「これ」「それ」「あれ」）と cet arbre の ce（指示形容詞：「この」「その」「あの」）は同じ単語ではありません。別ものですから、別対応です。

Q : 32

Il habite à Paris ? 倒置の疑問文にすると、Habite-t-il à Paris ? となりますね。これが、母音と母音の衝突をさけるためという説明はわかるのですが、なぜ -t- を使うのですか？ ほかの子音でも、たとえば -d-, -n- でも母音の衝突は避けられますが……。

A : 3人称単数の現在形活用の多くが、-t で終わることが理由でしょう。たとえば、il est → est-il、elle finit → finit-elle など、avoir, aller, -er 動詞を除けば（言い換えれば avoir, aller, -er 動詞の3人称単数の倒置でのみ母音の衝突が起こり、故に子音字 "-t-" の介入を要するわけですが）、現在形の活用語尾は -t で終わります。

この類推からひろく -t- が挿入される習慣が生まれたのです。

Q:33

疑問代名詞の単純形はわかりますが、複合形ってなんですか？　形がどうもよくわからないのですが。

A:　たしかに単純形はわかりやすいですね。たとえば、「誰」を例に考えれば、置き換えただけのシンプルな展開です。

　　|Paul| danse.　　→　|Qui| danse？　誰が踊っていますか？
　　　↓　　　　　　　　　↑
　　？（不明）　　→　　Qui

　でも、これを Qui |est-ce qui| danse？とも言える。この "est-ce qui" とはなにか？　それは強調構文です（英語で *Who dances?* を *it is ... that* で強調して *Who is it that dances?* とする「あれ」と同じ考えです）。

　右のプロセスを経て形が生まれました。

(1) Paul danse？

　　ポールが踊っていますか？

(2) C'est |Paul| qui danse？　＊C'est ... qui で主語を強調。

　　踊っているのはポールですか？

　　　このPaulをqui「誰が」と置き換えれば、

(2)' C'est |qui| qui danse？

　　踊っているのは誰がですか？　＊ちょっと妙な訳（それは(2)'が妙な形だから）

しかし、qui は「誰が」の意味なので、このままでは形がゆがんでいますから、qui を文頭にして c'est を倒置して est-ce とすると……。
(3) Qui est-ce qui danse？
　　踊っているのは誰ですか？＝誰が踊っているのですか？

　　同じく、c'est ... que で挟めるのは、たとえば、目的語。
　　Marie cherche Paul.　マリーはポールを探している。
この文章の Paul を強調した疑問文は、
　　C'est Paul que Marie cherche？
　　マリーが探しているのはポールですか？
となる。これを Paul → qui として、それを文頭に出し、c'est の語順を倒置して est-ce とすれば、以下の複合形のできあがり。
　　Qui est-ce que Marie cherche？
　　マリーは誰を探していますか？

✦ 基本表現＋数字編 ✦

Q：34

60＋10＝70も参りましたが、4×20＝80という発想にはさすがに参りました。これじゃなかなか骨が折れます。

A：　数字に関しては世界中のどの言葉にも、なにかしらの不思議は付きものです。長い年月を経て今の形になりましたから、単純に

現代風の合理だけでは割り切れません。さて、フランス語の話ですが、人間には手と足をあわせて、都合20本の指があります。これを数の基本とするのは不思議でしょうか？　たとえば*feet*（フィート）が、文字通り、足を数値の基準としているように、身体による数の考え方（ちなみに、"身体尺"というくくりもあります）は、むしろ自然なあり方であるように感じますがいかがです？　現代の観点からは特異な感じのする20進法ですが、さかのぼれば、古代ゴール人の数概念の名残と言われています。

　ただ、septante「70」、huitante「80」という数字を使っている、ベルギーやスイスの一地域があります。フランスにはこの合理の波は届いていませんが……。

　なお、以下、金田一先生の著作からの受け売りですが、アラビア語では、数を小さい方から大きい方へ順に言うらしい。つまり、「いくらですか？」とあなたが聞いても、一番安い単位から順に上がって行きますから、最後まで聞きませんと目の前の品物が、高いのか安いのか判断がつきかねるわけです。また、インドには、1〜100までが連続性を欠いたバラバラの読みで成り立っている言語があるらしい……です。かりに93まで教わって知ってはいても94を何と言うか皆目分からない、教わらないうちはその数が言えない！　そんな難儀な言葉もあるそうです。自分の乏しい記憶力を思えば、にわかには信じられない話です。

文法索引（インデックス）

※本文中に出てくる主要な文法用語を拾いました。
※原則、個々の単語・語彙は拾っていませんが、動詞についてのみ活用が紹介されているものは載せてあります。

✦ 数字 ✦

12時間法（アナログ式） **215**
24時間法（デジタル式） **215**
70以降の数字 **218**

✦ アルファベット ✦

accent **203**
accent aigu **203**
accent circonflexe **203**
accent grave **203**
aimer の活用 **93**
aller
 aller の活用 **97**
 aller の用例 **97, 99**
 aller à ＋都市名 **97**
 定番の挨拶で **97**
 aller ＋不定詞 (inf.)（近接未来）
  98, 124
 「(これから)〜します」（近接未来）
  99
 aller ＋不定詞（inf.）
  100, 101, 118, 124
alphabet　アルファベ **7**
appeler

appeler の活用 **213**
avoir
 avoir の直説法現在の活用 **79**
 avoir を用いた文章の例 **87**
 avoir を用いた成句表現 **87**
 avoir ＋無冠詞名詞 **87, 88**
 所有のニュアンス **87**
 avoir mal à ＋身体（定冠詞を添えて） **89**
 avoir・être の命令は特殊な形（命令形） **113**
 avoir peur **113**
à ＋都市名 **83, 95**
be 動詞 **78, 79, 80, 87**
c'est, ce sont **161, 162, 163**
 c'est, ce sont のあとで（強勢形） **71**
 c'est ＋形容詞 **163**
cédille　セディーユ **203**
choisir の活用 **105**
commencer の活用 **213**
connaître の活用 **217**
croire の活用 **217**
dire の活用 **117**
e
 e は 3 つの読みの可能性があります。 **11**

-e ＋ 1 子音字で終わる語　**13**
e の読みに注意しよう　**19**
〈子音字＋ e〉は［u ゥ］の列の音になる!!　**21**
〈e〉の文字を単語のなかでどう読むのか　**225**
élision　エリズィオン　**34**
en ＋乗物　**97**
enchaînement　アンシェヌマン　**33**
entendre の活用　**242**
er 動詞　**96**
　-er 動詞（第 1 群規則動詞）の例　**95, 96**
　注意したい -er 動詞　**212**
　-er 動詞（新しいフランス語の場合）　**240**
est-ce que（qu'）　**174**
être
　être の直説法現在の活用　**79**
　être を用いた文章の例　**83**
　avoir・être の命令は特殊な形（命令形）　**113**
faire
　faire の活用　**115**
　天候を表す際の非人称主語（il）の文章で　**118**
　「する、行う、作る」の意味で　**118**
　faire du ＋スポーツ（部分冠詞＋名詞）　**118**
　faire du ＋語学　**118**
finir の活用　**105**
genre　ジャンｒル（文法上の性）　**36**
h
　H の発音　**25**

　無音の h（主語人称代名詞）　**60**
　無音の h　**227**
　有音の h　**227**
have 動詞　**78, 79**
il
　il（非人称）を使う代表的な文例　**123, 124**
　il faut ＋不定詞　**125**
　～があります（います）　**165**
infinitif　**75, 96**
ir 動詞　**104, 107**
liaison　リエゾン　**33**
manger の活用　**213**
mettre の活用　**217**
o e composés　オ・ウ・コンポゼ　**9**
on　**61**
　on について　**209**
　on の用例　**210**
parler の活用　**92**
partir
　partir の活用　**109**
　partir の例文　**109**
pouvoir
　pouvoir の活用　**127**
　「～できる」の意味で使われる例　**127**
　許可を求める：～してもいいですか？　**128**
　相手に依頼する：～していただけますか？　**128**
préférer の活用　**212**
prendre
　prendre の活用　**115**
　prendre の用例　**119**

（251）

prendre （-dreの２つの活用） **241**
quel
 名詞の前に置いて、形容詞として使われる場合（疑問形容詞） **147**
 賛美や驚きを表す感嘆形容詞として **149**
 性質や種類等をたずねる **149**
qui
 「誰」とたずねる場合（単純形を用います）（疑問代名詞） **190**
 「誰を」とたずねる場合（単純・複合両形が可能） **190**
savoir の活用 **127**
sexe　セクス（自然の性） **36**
s'il vous plaît **111**
trait d'union　トレ・デュニオン **204**
tréma　トレマ **203**
venir
 venir de ＋国名（前置詞） **63**
 venir ＋不定詞 **102**
 venir の活用 **103**
 venir の用例 **103**
 venir ＋不定詞（近接過去） **103**
voici **157, 159**
voilà **157, 159**
 voilà をひとことで使う例 **159**
 お金やモノを手渡すとき、パスポートを提示するようなとき **159**
 用件や話が終わったとき、あるいは、仕事が完了したときなどに **159**
voir の活用 **217**
vouloir
 vouloir の活用 **128**
 〜したい（うしろに不定詞を置く） **129**
 〜はいかがですか？（うしろに名詞を置く） **129**

─── ✦ あ行 ✦ ───

アクサン
 アクサン（記号） **203**
 アクサン記号 **224, 225**
アクサン グｒラーヴ　accent grave **203**
アクサン スィｒルコンフレックス accent circonflexe **203**
アクサン テギュ　accent aigu **203**
アクセント
 フランス語のアクセント **15**
アポストロフ　apostrophe **34, 204**
アルファベ　alphabet **7**
 アルファベに関する注意事項 **9**
アンシェヌマン　enchaînement **33**
 アンシェヌマン **33**
 アンシェヌマン（不定冠詞） **49**
 アンシェヌマン（発音） **224**
色を表す形容詞 **243**
英語の知識がいかせる子音字の読み **29**
エリズィオン　élision **34**
 エリズィオン（s'il vous plaît） **111**
 エリズィオン（elle） **232**
音素 **223**

✦ か行 ✦

外来語 **29**
過去形 **126**
数えられない名詞 **56**
カタカナ発音表記 **5**
活用形 **59**
　フランス語の現在形の活用 **117**
　特殊な動詞 **117**
カナ発音 **224**
冠詞 **37, 46**
　冠詞の縮約 **64**
　冠詞（指示形容詞などと重複して使えない） **245**
間接目的語 **198**
規則動詞 **106**
疑問形容詞 **147**
　名詞の前に置いて、形容詞として使われる際 **147**
　性質や種類等をたずねる **149**
　賛美や驚きを表す感嘆形容詞として **149**
疑問代名詞
　疑問代名詞（単純形と複合形がある） **189**
　「誰が」とたずねる場合 **189**
　「誰を」とたずねる場合（単純・複合両形が可能） **190**
　「誰」とたずねる場合（単純形を用います） **190**
　前置詞＋疑問代名詞 **190**
　疑問代名詞の作り方（単純形・複合形） **191**
　疑問代名詞 quoi を使った疑問文 **193**
疑問副詞 **185**
疑問文
　疑問文を作る **173, 175, 177**
　倒置の疑問文 **246**
強制形
　主語（あるいは目的語）を強調する際に **71**
　c'est, ce sont のあとで **71**
　前置詞のあとで **71**
　比較の que のうしろで **73**
強調構文 **247**
近接過去 **102, 103**
近接未来 **98, 100**
敬語 **237**
形容詞
　形容詞を導く (être) **83**
　形容詞の性数の変化 **131, 133, 135**
　日常よく使われる、比較的つづりの短い形容詞 **137**
　形容詞の男性形と女性形の例外 **210**
　男性第2形を有する語 **211**
　色を表す形容詞 **243**
　形容詞（所有形容詞） **244**
原インド・ヨーロッパ諸語 **38**
現在進行形 **76**
合字 **9**
肯定疑問文 **173, 175, 177**
国籍 **83**
国名 **37**
語末
　語末の子音字 **13, 23, 25**

読まれない語末の子音字(名詞) **39**
語末の子音字を発音しない（主語人称代名詞）**59**
語末の子音字（faire, prendre の活用）**114**

―――― ✦ さ行 ✦ ――――

3人称
　3人称複数の活用語尾〈-ent〉は読まれない **92**
　3人称単数（母音の衝突）**246**
子音 **223**
子音字
　子音字 **9, 26, 28**
　語末の子音字 **13, 23, 25**
　-e＋1子音字で終わる語 **13**
　〈子音字＋e〉は［uゥ］の列の音になる **21**
　英語の知識がいかせる子音字の読み **29**
　注意したい子音字の読み **30**
　子音字（リエゾン）**33**
　読まれない語末の子音字 **39**
　子音字（名詞語末の子音字）**39**
　単語の最後に置かれる子音字 **42**
　語末の子音字を発音しない（複数のS）**59**
　語末の子音字 **114**
　子音字（音節）**228**
　複子音字 **228**
　子音字（名詞の男女の別）**235**
　子音字（倒置の疑問文）**246**

時間
　時間（非人称）**123**
　12時間法（アナログ式）**215**
　24時間法（デジタル式）**215**
指示形容詞 **54, 139, 245**
指示代名詞
　〈指示代名詞＋名詞〉の例 **141**
自然の性を持たない語（性数）**37**
自然の性を持つ語（性数）**37**
ジャンrル　genre（文法上の性）**36**
集合名詞 **56**
縮約
　前置詞 à, de と定冠詞の縮約 **65**
　縮約されない例（前置詞）**65**
　不定冠詞（複数形）の縮約 **67**
　部分冠詞と縮約を比べてみよう **67**
主語 **59**
主語（あるいは目的語）を強調する際に（強勢形）**71**
主語人称代名詞 **59**
職業 **83**
序数詞 **220**
女性形
　名詞の女性形(単数)の作り方 **39**
　形容詞の男性形と女性形の例外 **210**
　女性形（professeur の女性形）**236**
女性名詞 **36, 37, 57, 235, 236**
所有形容詞 **37**
　所有形容詞の変化 **143**
　所有形容詞の表現 **145**
　所有形容詞（指示形容詞を重ねられない）**245**
所有のニュアンス（avoir）**87**

数字
　数字（1～10）　**182**
　数字（11～60）　**183**
　70以降の数字　**218**
性数
　自然の性を持たない語　**37**
　自然の性を持つ語　**37**
　名詞の性と数　**37**
　名詞の男女　**48, 235**
　単数・複数　**48**
　形容詞の性数の変化　**131, 133, 135**
セディーユ　cédille　**203**
前置詞
　前置詞 à　**63**
　前置詞 de　**63**
　前置詞 à, de と定冠詞の縮約　**65**
　縮約されない例　**65**
　前置詞のあとで（強勢形）　**71**
　前置詞＋疑問代名詞　**190**
属詞　**197, 198**

──────── ✦ た行 ✦ ────────

第1群規則動詞
　-er動詞（第1群規則動詞）の例
　　　95, 76, 91, 96, 104, 106, 117, 240
第2群規則動詞
　第2群規則動詞
　　　76, 104, 106, 117, 240
　第2群規則動詞（補足）　**214**
第3群不規則動詞　**76**
代名詞　**244**
単位を表す語　**236**
単数・複数　**48**

男性形
　形容詞の男性形と女性形の例外　**210**
　男性第2形を有する語（形容詞）
　　　211
男性名詞　**36, 37, 57, 235, 236**
単独母音字　**201**
抽象名詞　**36, 56**
直説法（現在）　**78, 240**
直接目的語　**198**
つづり字記号　**203**
定冠詞
　定冠詞　**50, 51, 52**
　定冠詞（特定）　**51**
　定冠詞（総称）　**53, 54, 55**
　定冠詞（国名の前の省略）　**63**
　前置詞 à, de と定冠詞の縮約　**65**
　定冠詞（冠詞まとめ）　**209**
天候
　天候などを表す際の非人称主語
　　（il）の文章　**119**
　il（非人称）を使う代表的な例
　　（天候）　**124**
動詞
　第1群規則動詞
　　　76, 91, 96, 104, 106, 117, 240
　第2群規則動詞
　　　76, 104, 106, 117, 241
　第3群不規則動詞　**76**
　動詞 être　**80**
　動詞の原形　**91**
　-er動詞　**95, 96, 104, 240**
　-ir動詞　**104, 107**
　5つの特殊な動詞（活用形）　**117**
　フランス語の現在形の活用　**117**

注意したい -er 動詞　**212**
第2群規則動詞（補足）　**214**
動詞句　**88**
倒置の疑問文　**245**
特定化　**50, 52, 54**
トレ・デュニオン　trait d'union　**204**
トレマ　tréma　**203**

─────── ✦ な行 ✦ ───────

人称代名詞強勢形　**68, 69**
年齢　**87**

─────── ✦ は行 ✦ ───────

発音
　カタカナ発音表記　**5**
　カナ発音　**224**
　鼻母音　**16, 17**
半母音　**204**
鼻音化
　鼻母音　**16, 17**
比較
　比較の que のうしろで（強勢形）　**73**
　比較の形　**151**
　比較の用例　**151**
　特殊な比較級　**153**
　比較級の用例　**153**
否定疑問文
　否定疑問文の場合　**173, 175, 177**
否定文
　否定文の用例　**169, 171**
　否定文の注意　**171**
否定命令　**113**

非人称
　天候などを表す際の非人称主語
　　（il）の文章　**119**
　非人称の il　**122**
　il（非人称）を使う代表的な文例
　　　　　　　　　　123, 124
　il faut ＋ 不定詞　**125**
標識語　**46, 245**
開音節　**229**
頻度を表す副詞　**109**
複合過去　**126**
副詞
　頻度を表す副詞　**109**
複子音字　**228**
複数形
　複数形の作り方（名詞）　**43**
　名詞の複数形　**206**
複母音字　**13, 202, 208**
二重母音　**234**
物質名詞　**56**
不定冠詞　**47, 48, 49**
　不定冠詞（縮約）　**66, 67**
　不定冠詞（冠詞まとめ）　**209**
　不定冠詞（身分をいう）　**238**
不定詞　infinitif　**75, 76, 96, 98, 103**
　il faut ＋ 不定詞　**125**
不定代名詞　**61**
不定法　**75, 96**
部分冠詞　**56, 57**
　部分冠詞（縮約）　**66, 67**
　faire du ＋スポーツ（部分冠詞
　　＋名詞）　**118**
　部分冠詞（冠詞まとめ）　**209**
フランス語

フランス語のアルファベ　7
　　フランス語のアクセント　15
　　フランス語の現在形の活用　117
文章語（古語）　236
閉音節　229
母音　11, 33, 34
　　ちょっと注意の母音　11
　　母音（主語人称代名詞）　60
　　母音（フランス語の発音）　223
　　二重母音　234
　　母音と母音の衝突　246
　　母音の衝突　246
母音字　9, 10
　　複母音字　13, 202
　　母音字（エリズィオン）　34
　　母音字（定冠詞）　51
　　単独母音字　201
　　複母音字（音節）　228
　　母音字省略　232

──── ✦ ま行 ✦ ────

無音の h　60, 227
無冠詞　206, 238
　　avoir ＋無冠詞名詞　87, 88

名詞
　　名詞の性と数　37
　　名詞の女性形（単数）の作り方　39
　　複数形の作り方　43, 206
　　名詞の男女　48, 235
　　数えられない名詞　56
　　集合名詞　56
　　物質名詞　56
命令文
　　命令文（現在）の作り方　111
　　avoir・être の命令は特殊な形　113

──── ✦ や行 ✦ ────

有音の h　227

──── ✦ ら行 ✦ ────

リエゾン　liaison　33
　　リエゾン（不定冠詞）　49
　　リエゾン（フランス語の発音）　224
　　リエゾンしない　230

著者略歴
久松 健一(ひさまつ けんいち)

明治大学の教壇にたつ。『ケータイ〈万能〉フランス語文法』（駿河台出版社）、『フランス語そのまま使えるフレーズブック』（白水社）、中国語版『懂英語就會説法語』（如何出版社）、《Japonais (*japonais-français/français-japonais*)》(Dictionnaire Assimil・Kernerman) などの著書、編著で知られる。

ケータイ《万能(ばんのう)》フランス語入門

2011 年 4 月 30 日　初版発行　　2020 年 5 月 30 日　5 刷発行

著　者	ⓒ 久松　健一
CD 吹き込み	ルヌール・クレール
イラスト	はし　あさこ
本文デザイン	白畠　かおり
装　丁	平松　花梨
組　版	フォレスト
印刷・製本	三友印刷
発行者	井田洋二
発行所	（株）駿河台出版社 〒101-0062　東京都千代田区神田駿河台 3-7 TEL 03(3291)1676（代）　FAX 03(3291)1675 http://www.e-surugadai.com E-mail: edit@e-surugadai.com

JCOPY <(社)出版者著作権管理機構 委託出版物>

本書の無断複写は、著作権法上での例外を除き、禁じられています。複写される場合は、そのつど事前に、(社)出版者著作権管理機構（電話 03-3513-6969, FAX 03-3513-6979, e-mail: info@jcopy.or.jp）の許諾を得てください.